超知ライブラリー
022

［光の手による量子のヒーリング］

DREAMHEALER
ドリームヒーラー

アダム［ADAM］著
ケイ・ミズモリ監修
杉本詠美［R.I.C. Publications］訳

徳間書店

ヒーリングは「奇跡」ではなく、「科学」である

現在の科学の知識ベースで説明のつかないものは「ミステリー」と呼ばれ、どうしてそうなったのか説明のつかない、いいことが起こったときは「奇跡」と呼ばれる。

これまで科学を開発してきた人たちの大半は、当時の科学的見地から外れた研究をして、笑いものになっていた。だがぼくは、どんなものごとにも科学的説明があると信じている。ただ、それを証明する方法を発見する必要があるだけなのだ。

誰かがぼくのやっているヒーリングを「奇跡」と言ったら、ぼくはそれを訂正しなくてはならない。ぼくのやっていることにはすべて科学的なベースがあるのだから。

ぼくに見えているもの
――エネルギーの閉塞は病気の始まり

ぼくには、ほかのほとんどの人には見えないオーラ（エネルギーフィールド）が見える。ぼくにはそれが輝く光のように見え、その色やパターンはさまざまだ。ぼくはそれを、すべての生物の周りに見える生命エネルギーというふうに言っている。それは生体が機能していることの表れなのだ。

病気の始まりは、エネルギーフィールドでは体の中のエネルギーの流れの閉塞となって表れる。ぼくのような人間は、本人が何の症状も感じていないうちからそれを見ることができる。病気はエネルギーの閉塞の結果であり、そのパターンはさまざまある。

問題が深刻化するかしないかは、とらえ方次第

困難や壁には毎日のようにぶつかる。深刻な問題も時折は発生する。だが、違いが生まれるのは、それがどんな問題であるかということからではなく、あなたがそれをどうとらえ、どう処理をするかということからである。

あなたがものごとにどう反応するかということは、何が起こったかということよりも重要になる。そしてこの点において、人は、自分が思うよりたくさんのパワーと制御力を持っている。どんな反応をするかを選択するのは、いつでも自分自身だ。あなたの選択は、いつもではないにしても多くの場合、その結果に強く影響する。

装丁　櫻井 浩（⑥Design）
本文デザイン　岩田伸昭（⑥Design）

謝辞

　異なるものに心を開き、勇気をもって本書の制作に尽くしてくださったすべての方々に、感謝の意を表します。ここまでのステップの１つ１つが感動的なプロセスでした。また、豊かな想像力に恵まれ、この本を１冊の書物というだけでなく１つの芸術作品としてくださったレイチェル・オァーに感謝します。僕のメンターとなってくださった方々、特にエフィー・チョウ博士とエドガー・ミッチェル博士には、賢明な言葉で励ましてくださったことを感謝します。いつも自分らしくいてくれた妹に、そして僕をずっと信じてくれている両親には最大の感謝を。

アダム

まえがき

アダムは16歳にしてすでに国際的に最高レベルのヒーラー

希望――それが戦争やテロ、不況、社会不安に脅《おびや》かされ、混乱したこの社会では、切に求められています。アダムは、その希望を発信しているのです。アダムは16歳という年齢とは思えぬ少年で、年齢以上の広い知識に加え、癒《いや》しという特別な才能を持っています。

本書は、愛による究極の癒しについて語った真実の書です。すべての人は、例外なく、この本を読むことを必要としています。彼の誠実なメッセージからは、誰もが非常に多くを学ぶことができるでしょう。ここには、アダムの成長とアプローチの様子が順を追って丁《てい》寧《ねい》に描かれているのに加え、興味深い科学的な関連事項や類似事項についても述べられています。

アダムのメンターや教師、友人の1人として、わたしは彼が開花していく様子を、大いに興味を持ちながら間近に見ることができました。アダムの生活は非常にバランスがとれています。アダムは才能あるヒーラーであるだけでなく、学校の成績は「A」ばかり、さらにいくつものスポーツでトッププレーヤーとして活躍しています。また、家族も実に愛情深く彼を支えています。ですから、彼がヒーリングで発するエネルギーも、乱れのない清らかですがすがしいものになっているのです。

わたしは、個人的興味からと同時に、アメリカ大統領に任命された「ホワイトハウス補完・代替療法ポリシー委員会（WHCCAMP）」の20人の委員の1人という立場からも、数え切れないほど多くの国際的ヒーラーを見てきました。アダムは、彼の行う癒しの分野では、最高レベルの能力を持っています。またわたしは、40年以上にわたって自分でもヒーリングを行い、指導もしてきた経験から、ヒーリングにおける霊性のレベルを見きわめることもできます。アダムの霊性は、最も純粋なかたちの「誠実と真実」のレベルを示しています。

アダムの高いヒーリング能力は、隠された生命の次元を明らかにしている！

アダムは、大きな問題にぶつかることもあります。彼はエネルギーフィールド（オーラ）を見たり感じたりすることができる能力を初めから持っていましたから、当然それを毎日出合う当たり前のことのように思っていました。しかし、この能力が非常に稀《まれ》なものだとわかってからは、アダムはこの大きな「違い」を相手にしなくてはなりませんでした。エネルギーフィールドが見えるという現象は、補完・代替療法の世界ではよく知られたことですが、一般にはまだ誤解されています。まだ若いアダムは勇気をもって快《こころよ》く、自分の持つ優れたヒーリング能力と治療例について、包み隠さずこの本に書いてくれました。彼は最前線に立って、生命に別の次元があることについての理解を広めることに尽力《じんりょく》しています。また、科学研究、特にガンや腫瘍《しゅよう》という分野のために、彼の高いヒーリング能力を研究することにも進んで協力しています。アダム、あなたの高貴な目標を達成するためなら、わたしは喜んで力を貸しましょう。

アダムは、現代の若者にも、問題を抱えたこの世界に癒しを、ひいては安らぎを与えることができるという希望の典型です。彼の著書『ドリームヒーラー』は、どなたにも必読の書です。自分が人とは違う人間であることを認める勇気と、人とは違う人間を尊重する勇気をみんなに与えてくれます。アダムはわたしたちによりよい世界をもたらすために必要な、個々の人間の潜在能力を最大に引き出せるようにしてくれるでしょう。

アダム、あなたと知り合えたことを誇りに思います。成功を祈ります。

エフィー・ペイヤオ・チョウ（周佩瑶）

看護学博士　全米公認鍼灸《しんきゅう》師（NCCAOM）

カリフォルニア州公認鍼師　気功グランドマスター

イースト・ウエスト・アカデミー・オブ・ヒーリング・アーツ（EWAHA、サンフランシスコ）理事長

Homepage: http://www.eastwestqi.com

「光の手による量子のヒーリング」ドリームヒーラー　目次

161 第7章 ヒーリングを通して、多くの人々と出会い、学び続ける！それはとても素敵なこと!!

校　正　麦秋アートセンター
編集協力　小林久美子

夢は、ぼくたちの展望

——アダム

夢、それは宇宙のエネルギーとの不思議なつながり！

夢は、宇宙のエネルギーとのあいだに不思議なつながりを持っている。宇宙のエネルギーは、人生の見方を、通常とは違った意識の状態にまで広げてくれるものだ。

ぼくたちは現実を、視覚、聴覚、嗅覚、味覚、触覚という五感を通じてとらえている。そのため、この五感という入力セクションを通じてしか判断しないとすれば、ぼくたちは非常に少ない情報に基づいてものごとを認識することになる。ぼくたちの目では、電磁スペクトルのごく一部しか見ることはできない。知られている周波数帯域のうち、ぼくたちが聞くことができるのもわずかな範囲だ。嗅覚や味覚、触覚にいたっては、いったいどれだけの量、どれだけの範囲を感知できているのか、数量化する方法さえない。

しかし、それを測れようが測れまいが、ぼくたちがたくさんの情報を受け取っていることだけは確かだ。当然のこととして、ぼくたちはそれをどのようにしてか知覚し、それに反応していると考えられる。つまり、感覚したデータをどうとらえるかはすべて、個人個人の感度によると言える。それは、人間の能力が直観や気分、夢や展望といった情報を処理することができるところまで広がる可能性があるということでもある。

夢は、完璧《かんぺき》な健康というぼくたちの展望だ。

ヒーラーは、その道を行く人たちの道案内である。

これは、
愛による究極の癒しについて語った
真実の書です。

――エフィー・チョウ博士

第1章

ぼくに生まれつき備わっていた「特別な力」

自分自身を超えて知覚することで、
初めて本当に見るということができる。

――アダム

五感以外、数字以外、普通でないものはダメ——文化という厳しい制約の中で……

神様には、ユーモアのセンスがあるに違いない。ぼくがこの星に存在することの皮肉は、ほかに説明のしようがない。

ぼくは、大きな国際都市に暮らす標準的な中流家庭に生まれた。この地区の人口の30パーセントは中国系だが、ぼくが生まれたのがそちらのコミュニティに属する家庭だったとすれば、気功とか道教とかいう文化の流れが、ぼくの特異性をすんなりと受け入れてくれただろう。たぶん、珍しがられはしても、奇怪だとは受け取られない。とにかく肝心なのは、受け入れてもらえるだろうということだ。

マイノリティの中で次に多いと思われるのはインド人だが、ぼくがもしそちらの文化の中に生まれていたら、僧院に送られて教育されることになったかもしれない。ここでもやはり文化自体が、ぼくの持っているような珍しい才能を、その人に授けられた贈り物と受けとめ、磨き、育てるべきものととらえるのである。

対照的に、ぼくが属している西洋文化の信仰や慣習では、普通でないものは歓迎されなかった。どういうわけか、この文化は個人主義を口では称《たた》えながら、実際に受け入れるのは同一性のほうなのである。誰もが同じような人間で同じように行動することを好む文化なのだ。人と違うことは奇妙だと見られる。見逃してもらえれば、いいほうだ。評価されるのは五感で処理できるものだけで、それ以上のものはだめなのだ。西洋文化においては、現実は数字で測ることのできるものでなくてはならないのである。

額のV字形の赤いあざは、ヒーラーのしるし?

生まれたとき、ぼくの額《ひたい》の真ん中にはV字形の赤いあざがあった。ぼくはそれを「ヒーラーのしるし」だと聞かされてきた。ちょうど第3の目と呼ばれる位置にあったからだ。第3の目というのは、ヒーラーがヒーリングを目的として他者とつながるためにエネルギーをチャネルする場所だ。V字のしるしはもうかなり薄くなった。今はもうほとんど見えないが、やっぱりそこは脈管になっているらしく、感情が昂《たか》ぶると表れる。

母方の曾祖母《そうそぼ》はいつもオーラ(人間を包むエネルギーフィールド)が見えていて、ほかの人も同じものが見えると思っていたという。18歳頃、自分の知っている人の誰一人としてそれが見えていないことを初めて知った。この時点で、曾祖母はそれを見えないことにしてしまおうという決心をする。その力を伸ばすことより無視することを選択したのだ。

本当は、個性よりも同一性を好む西洋文明

西洋文化の信仰や慣習では、普通ではないものは歓迎されない。この文化は個人主義を口では称《たた》えながら、誰もが同じような人間で同じように行動することを好み、実際に受け入れるのは同一性のほうなのである。

評価されるのは五感で処理できるものだけで、それ以上のものはだめなのだ。西洋文化においては、現実は数字で測ることのできるものでなくてはならないのである。

父の母方にはアメリカ先住民の血が流れている。メイン州に古くから住むペノブスコットだ。自分が先住民の血を受け継いでいると思ったり、そのことで自然や宇宙エネルギーとつながりを持っていると考えたりするのはいつも楽しかった。調べてみたところ、ぼくはその部族最後のシャーマンでありヒーラーであった人物と縁続きになるらしい。その人の名は、ソックアレクシスという。

シャーマンの中には、敵に害悪を及ぼすことに力を使う者もいるが、ソックアレクシスは自分の力をヒーリングにしか使わず、そのために同じ部族の仲間から恐れられたりすることもなく、非常に尊敬されていた。シャーマンというのは、他者に力を貸すために謙虚《けんきょ》であらねばならないし、自らの力や弱さを知っていなくてはならない。ソックアレクシスは、自分の技と力をどんな場合にも合わせて使うことができたに違いない。こういう役目には、体と心、感情、精神のバランスがきれいにとれていることが必要とされる。ヒーリングは、他人を知り、自分を知るという直観力の探求の旅なのだ。

父方と母方のこの2つの精神世界が出合ってぼくの無意識の認識が形成され、ぼくは知らず知らずこの道に導かれたのだ。

静かに座して魂の教えに耳を傾ければ、
その人の知識と理解に
たくさんのものが
もたらされる。

――チーフ・ダン・ジョージ

さまざまな問題を引き起こした「オーラが見える能力」

ぼくに見えているものの多くは、ほかのほとんどの人には見えない。たとえば、ぼくにはオーラが見える。ぼくはそれを、すべての生物の周りに見える生命エネルギーというふうに言っている。ぼくにはそれが輝く光のように見え、その色やパターンはさまざまだ。人間も動物も植物も、みんなオーラを持っている。それは生体が機能していることの表れなのだ。

このオーラを見る能力のおかげで、ぼくは現実とテレビの中の空想の世界を難なく区別することができる。小さい頃、テレビを観ていて、父と母に、世の中には「本当の人」と「テレビの人」がいると言ったのを覚えている。人間やほかのすべての生命体のエネルギーフィールドはテレビ信号の放送の中では失われてしまう。だから、テレビに映っている人々は現実の人々とはまったく違って見えるのだ。現実と「そう信じこませる」ことの違いがはっきりわかるのである。

だが、ご想像のとおり、この「見る力」が問題を生むこともある。小さい頃は、かくれんぼをやってもちっともおもしろくなかった。親たちの中には、ぼくがかくれんぼをしたがらないのは社会性に欠けているせいだと思った人もいただろう。それか、引っこみ思案なせいだと。しかし、理由は全然違っていた。ただ、その遊びのどこがおもしろいのか、わからなかっただけなのだ。たとえば誰かが木か何かの後ろに隠れたとしても、ぼくにはやっぱりその子の姿が見える。オーラが、木の輪郭《りんかく》の外側まで見えているのだ。それは、大きな大人がほうきの後ろに隠れるみたいに滑稽《こっけい》なことだった。なのに、みんなにはぼくがどうやって見つけているかわからない。それが逆にぼくには不思議だった。ぼくは、それについても学ばなくてはならなかったのである。それがわかるまで、かくれんぼのような遊びのおもしろさは、ぼくには謎《なぞ》のままだった。

家族で自然の中に出かけたときはいつも、ぼくは誰より早く野生の生物がいるところを見つけた。ぼくには動物たちのオーラも茂《しげ》みや森を透かして見える。ハイウェイを車で走っているときなど、ぼくが見たものが家族には見えないということが何度もあった。だが、みんなもなんとかそれを見つけることができ、ぼくにそれが見えているのだと信じてもらえる機会が数回あった。人間というのは、その目で見たものしか信じられないものだ。こんな言葉を聞いたことがある。「洞察力《どうさつりょく》とは、そこにないものを見る力だ」ぼくには、人間、動物、植物――ありとあらゆる生命の宇宙的なつながりを見たり感じたりすることができる。ずっとそうだった。それは持って生まれたものなのだ。

高校に行く頃には、オーラが見えるのを抑えることも学ばなくてはならなくなった。あんまりまぶしくて邪魔《じゃま》になるようになったからだ。見え方を弱めたことで、おもしろいことが起こった。オーラが見えるのを抑《おさ》えると、直観や超能力が高まるのだ。高校では、ぼくのようにオーラが見える人がほかにも何人かいることを知った。でも、ぼくたちはそれをクラスメートにも、お互いの間でも隠していた。この現象について、受け入れてもらえるようになったり、理解が深まったりというふうにはならなかったのである。

ほとんどの赤ん坊はオーラに気づいていた!

オーラが見える人、一生に一度くらいは見たことのある人はたくさんいる。赤ん坊を見ると、ほとんどの子どもが人間のオーラに気がついていることがわかる。ぼくが自分のオーラの大きさを変えてみせると、赤ん坊はオーラが大きくなったり縮んだりする様子を目で追っている。子どもたちのこの力を育てることがなされていないのは、主にその存在自体が知られていないからだ。中には、無理やりその力を抑えこまれる子どももある。親が、自分の子に「情緒《じょうちょ》的に不安定」というレッテルを貼られるのを恐れるためである。

アダムのヒーリング・メッセージ⑤

大人の洞察力のなさが
子どもの能力の芽をつぶしている……

　オーラが見える人、一生に一度くらいは見たことがある人はたくさんいる。赤ん坊を見ていると、ほとんどの子どもが人間のオーラに気づいていることがわかる。子どものこの力を育てることができないのは、主にその存在が知られていないからだと思う。

「洞察力とは、そこには見えないものを見る力」なのに、人間というのは、その目で見たものしか信じない。このため、親が、自分の子に「情緒的に不安定」というレッテルを貼られるのを恐れたり、家庭の信仰がこういうものを受け入れない場合には、無理やりオーラを見る力を抑《おさ》えこんでしまうことになる。

家庭の信仰が、こういうものを受け入れないという場合もある。医学界は「幻覚を抑える」薬を処方しようとしたりする。社会の定説も、こういうものは修正の必要があるのだと人々に思わせ、信じこませている。

1600年代の昔には、特別な癒しの力を使う者は魔女と呼ばれて火あぶりにされることも多かった。当時の指導者や学者は、本当は何が起こっているのかということを人々に知られないようにするのに躍起《やっき》になっていたのだ。

しかし、人々を真実から遠ざけておくことなどできない。ぼくの持っているような特別な力は、人間の利益のために育てられ、理解されねばならないのだ。

みんながそう考えられるようになるのは、まだまだ遠い先の話だろうが。

今はまだ、ぼくが体験していることが理解されたり、受け入れられていないことはわかっている。むしろたいていは、誤解されたり怖がられたりするのだ。ぼくも小さい頃から、「Tシャツを着て運動靴を履いた普通の子は、自分が人と違うなんてことは黙っておくべきだ」とわかっていた。

ぼくの周りでは、物が飛びかう現象がたびたび起こった

運のいいことに、ぼくの両親は、ぼくの特異性を受け入れることのできる、めったにない特別な魂を持っていた。それだけでなく、ぼくに特別な導き、あるいはメンターと呼ばれるような人が必要なことにも気づいてくれた。ぼくがありのままのぼくでいることを許してくれるだけの勇気と知恵を持っていたのだ。温かい家庭と両親の広い心のおかげで、ぼくは自分に授けられた力を伸ばし、育てることができた。このことにはいつも感謝している。両親のおかげで、ぼくは自分の可能性を大きく伸ばすことができた。

両親にとって、それは簡単なことではなかったと思う。10代に入って、念動《ねんどう》がたびたび起こるようになると、ぼくはとまどった。両親はもっととまどったと思う。初めは信じようとしなかった。それがなかなか受け入れがたいことだというのは、よくわかる。

何にでも科学的な説明を求める父には、特に難しかっただろう。ぼくのほうは、それほどでもなかった。ぼくに起こることは、自分にとっては「普通」のことなのだから。それ以上のことはわからない。

ぼくの周りでは、おかしなことがいつも起こっていた。触ろうとしたり、取ろうとした

りした物が、部屋の中を飛びまわるということはよくあった。使っていた鉛筆が突然意思を持ったように部屋を横切って飛んでいくこともある。学校でもそういうことが起こったが、みんなはぼくが投げたのだと思っていただろう。ぼくはそう思わせておいた。勝手に飛んでいったと説明するよりは簡単だったから。なぜ、どうやって、そんなことが起こるのか、ぼくにはわからなかった。だから、慣れるよりしかたなかった。

乗っていた自転車が宙返りして一回転！

しかし、乗っていた自転車が初めて一回転したとき、ぼくはそれまでとは違うものを感じた。一緒にいた母は、自分の目が信じられないようだった。母がそれを見ていたことが、ぼくにはうれしかった。自分には事実だとわかっていることを無視し続けるのは難しい。ほかの人がそれを無視し続けている場合はなおさらだ。

周りの誰にも起こらないようなことが、ぼくにはいつも起こっていた。ぼくはなんとかそれを外の世界にバレないようにしようとし、それはうまくいっていた。でも、両親には隠しておくことができなかった。家族で一緒に何かをすることは多かったから、おかしなできごとを目撃することがだんだん積み重なって、とうとう科学的思考型の父までもそれを否定できなくなった。父は、ぼくが取ろうとして手を伸ばした物がものすごい力で天井にぶつかるのを何度も目撃したのだ。

父の変化のきっかけは、ある日、ジムで一緒にトレーニングしていたときに起こった。その日、ぼくが立っていた場所に近いところで、45ポンド（約20キログラム）のバーベルがラックから外れ、父の頭からわずか数センチのところに落ちるということが起こった。ぼくたちは器械がどうかしていたのかと思って、長い時間かけてそのできごとを再現してみようとしたが、結局できなかった。器械にはまったくどこも悪いところはなかったのである。このとき、ようやく父も、説明のつかないことが本当に起こっているのだと理解した。先ほど書いたとおり、人は自分自身の目で見なければなかなかものごとを信じられないものなのだ。

その後父の態度は変わり、ぼくの能力に対し、飽《あ》くことのない興味を抱くようになった。今は両親とも、どうやったらぼくの才能を伸ばすことができるかに心を砕《くだ》いてくれている。ぼくたちは、一緒にその旅を始めたのだ。

一歩を踏み出すことから
旅は始まる。

――アダム

第2章

ヒーリングこそが、自分の進むべき道と知る！

ぼくたちはみな、よりよいものを目指して
ともに努力を重ねているのだ。

――アダム

同じ能力を持った人との出会い

ぼくの父は、いざというときにそばにいてほしいタイプの人間だ。沈着冷静で、ものに動じない。危機に陥《おちい》ったとき、みんなの先頭に立って行動を起こす。だがぼくに起こっていることを受け入れようとするとき、父は心配し、心を痛めた。息子にとって危険はないのか？　ほかの人にとって危険はないのか？　答えはどこかにあるに違いない。でも、どこに？

パニックに陥った母は、祖母にＳＯＳの電話をかけた。普通の状況なら、祖母のアドバイスは役に立つ。しかしこれが、祖母が知っているようなありがちな子どもの問題でないことは、すぐにはっきりした。最初に祖母が提案したのは、小児科医に聞いてみるということだ。だが、その方法はよくないとみんなが判断するのに、時間はかからなかった。

それから母は、何年も前に会ったある女性のことを思い出した。その人にはオーラを見る力があり、それを「外側のエネルギーの流れ」と呼んでいた。母はその人に電話をかけて、すぐに会いたいとお願いした。こうして、自転車がくるっと回ったり鉛筆が飛んだりするできごとから間もなく、ぼくたちはその人に会いにいくことになった。ただし、そのときのぼくたちには、それがどういうことになるか見当もつかなかった。

だが、それは最高だった。初めてぼくは、自分が考えていたこと――エネルギーの流れを見たり感じたりすることができる可能性は誰にでもあるということを話し合える人と、本当にめぐり会ったのだ。その人は、いろいろな方法やパターンでぼくのエネルギーの流れを変えて、違った効果や感情を生むということをやってみせてくれた。ぼくがどんな気分でいるかということが、その人にもぼくと同じように見えていた。

その人は、ぼくの自転車が宙返りしたようなできごとは、エネルギーが一気に噴《ふ》き出したからで、意図しないで起こる静電気のようなものだと説明してくれた。それは、ぼくにエネルギーがたくさんあって、それをパターン化させる必要があるのに、自分のエネルギーの流れに集中していない場合に起こるのだ。ほかの人にも自分にも危害を与えるものではないと聞いて、ぼくは胸をなでおろした。その人の言ったことは当たっていたと思う。自分のエネルギーの流れを今までと変えるようにしてから、自転車が宙返りするようなことは1度も起こっていない。

母はセッションの間、それが自分にとってはまったく未知の領域だというみたいに、あっけにとられて言葉もなく座っていた。しかし、ぼくにとっては目新しいことでも何でも

アダムのヒーリング・メッセージ⑥

ぼくの自己発見の旅の始まり

ぼくの周りでは、物が飛んだり、自転車が宙返りしてしまうことが起きていた。これはぼくに、エネルギーがたくさんあるのに、それをパターン化することができず、自分のエネルギーの流れに集中してないときに、エネルギーが一気に噴き出してしまうことに起因する。これは意図しない静電気のようなものだったのだろう。

ぼくは、自分のエネルギーに気持ちを集中させてコントロールすることができるのを知った。ぼくは狂気と戯《たわむ》れていたわけではなく、ほかの人と分かち合える天からの贈り物を手探りしていたのだ。このことがぼくの自己発見の旅の始まりとなった。

ない。何が起こっているのか、ぼくにはすっかりわかっていた。ぼくはやっと自分のエネルギーをコントロールできるようになったのだ！　このことで、ぼくも両親も大きな安心を得られた。気の確かな別の大人に何が起こっているのかを説明してもらったことで、ぼくたちはみんな、それがぼくにとって正常な状態なのだと理解することができた。別れ際、その人は母とぼくに気功をやってみなさいと言った。「気」というのはエネルギーとか生命力を、「功」は鍛錬《たんれん》を表す言葉だ。

「ものすごい量のエネルギーを持っているから、彼なら1週間でグランドマスターになれるかもしれないわ」と、その人はぼくの両親に言った。そのレベルに達するには何十年も修行を積まなければならないこともあるとも聞いた。

気功マスターとの出会い

ぼくは言われたとおり、街の気功マスターに連絡をとり、会ってもらう約束をした。その人が体に流れる気（エネルギー）を指先から放つのを見せてもらって、ぼくは大いに興味をそそられた。こんなものが見られるなんて！　その人はとても大きな金色に輝くオーラを持っていて、それがきれいに調和して流れているように見えた。ぼくは興味が湧《わ》いて、エネルギーのシステムをもっと知りたいという気になった。

この出会いはぼくの転機となった。ぼくは、自分のエネルギーに気持ちを集中させてコントロールすることができるのを知った。ぼくは狂気と戯《たわむ》れていたわけではなかったのだ。ほかの人々と分かち合える天からの贈り物を手探りしていたのだ。このときから、ぼくの自己発見の旅は始まった。

母へ施した初めてのヒーリング

その2日後、母は多発性硬化症（MS）の鋭い痛みに襲われた。MSは慢性の神経疾患だ。それは三叉《さんさ》神経痛と呼ばれる症状で、顔面や耳に突き刺すような痛みを感じる。母がMSと診断されたのはぼくがうんと小さいときのことだったので、それは家族の誰にとっても目新しいことではなかった。

その夜、父と妹とぼくはテレビを観ていたが、母は2階の寝室で枕に顔をうずめて、苦痛の声を殺していた。その夜の痛みは、(よくあることだったが) 耐えがたいものだった。ぼくは母の寝室に上がっていった。

「母さん、目をつぶって」そう言って、ぼくは母の額に手を当てた。どうしてそんなことをしたのか、ぼくにも全然わからない。でも、まるでどうすればいいかわかっているように、そうしたのだ。ともかく母は言うとおりにし、ぼくは痛みが母の体を離れてぼくの体に入ってくるのを感じた。それは恐ろしい痛みだった。

ぼくは自分のベッドに行き、倒れこんだ。頭がズキズキした。母は痛みから解放されたように、知らない間に眠りに落ちていた。そのときから母の病状は大きく改善して、今では家庭生活に支障がなくなっている。

このことがきっかけで、自分の能力に対するぼくの理解は変わった。ヒーリングに向かう旅の書類に判を押してもらった感じだ。ものごとがすべて、何か理由があって展開しているような気がした。母の病気も例外ではない。それは偶然の一致というより、ぼくの人生の道しるべというべきものだった。そのことがあったから、ぼくはヒーリングへの旅を少しの恐れもなく、ただ母を助けたいという気持ちだけでスタートすることができた。

ぼくにはヒーリング能力がある、しかし相手の痛みも吸収してしまう……

もし母の病気のことがなかったら、ヒーリングの世界に頭から飛びこむようなまねは何年も先まですることはなかっただろう。大切な人が苦しんでいるのを見たら、ぼくに助けられるかどうか、いや、そもそもそんなことが可能かどうかなど考えもせず、ただ動かずにはいられなかったのだ。まるで何かに操られているように、ぼくは自分にできることを行い、新たな自分を発見した——ぼくには人を癒す力がある！！！

しかし、ぼくたちは新たな問題にも直面した。ぼくは母の痛みを吸収し、取りこんで自分のものにしてしまった。ここでまた、両親は心配した。その結果としてぼくが病気になるのなら、ヒーリングなど絶対にしてほしくなかったのだ。だが、ぼくのほうは本能的にヒーリングに惹《ひ》きつけられていった。

父と一緒に診療所に行ったときのことを思い出す。ぼくたちが座っている向かいに、4人の子どもが腰かけていた。自分の番を待っているあいだ、ぼくは目の前の4人の子の診断をしてみた。もちろん、向こうはぼくが何をやっているかなど知らない。意外だったのは、そのうちの赤ちゃんの病状をぼくにはどう言っていいかわからなかったことだ。言葉ではとても説明できなかった。どこが悪いのかははっきり見えるというのに。両親と車でバス停の前を通り過ぎるとき、ぼくはいつもそこにいる人たちの病気や怪我《けが》の具合に気をつけた。ヒーリングと健康は、ぼくの人生の重要なテーマとなっていた。

最初ぼくは、父の職場の人に治療を行った。その人たちはぼくの学校の友だちや近所の人たちの誰ともつながりがなかったので、ぼくの普通でない能力がその人たちを通じてバレるんじゃないかという心配はしなくてすんだ。この時期にぼくは実践《じっせん》から多くのことを学んだ。

両親はまだ、ぼくがヒーリングの経験を積むことに対し、ゆったり構えていられるほど安心してはいなかった。新しいテクニックを覚えたり練習したりしているうちに、いつかぼくが重大な病気にかかるんじゃないかと、気にしていた。何日も眠れぬ夜を過ごした後、両親は気功グランドマスターのエフィー・チョウ博士のもとを訪ねた。

気功グランドマスターのチョウ博士からヒーリング技術の手ほどきを受ける

母は、その何年か前に、気功の実演でチョウ博士に会ったことがあった。チョウ博士は、イースト・ウエスト・アカデミー・オブ・ヒーリング・アーツ（ＥＷＡＨＡ）の創始者であり、理事長である。２０００年の3月、クリントン大統領はチョウ博士を「ホワイトハウス補完・代替療法ポリシー委員会（ＷＨＣＣＡＭＰ）」発足時の20人のメンバーの１人に任命した。チョウ博士は、高等教育学の博士号と行動科学、コミュニケーション学の修士号も取得している。また、公衆衛生と精神科の看護師としても登録されており、気功グ

アダムのヒーリング・メッセージ⑦

笑いは、ヒーリングの効果を促進させる

人が健康でいられるかどうかはその人次第なのだ。それには人生を楽しみ、いつもユーモアを持っていなくてはならない。笑いが人を癒し、健康を保つのに役立つことはわかっている。体内に分泌される化学物質の働きにしろ、楽しくやろうとただ考えることのおかげにしろ、とにかく効果がある。

だから、人は少なくとも１日に３回はお腹が痛くなるほど笑わなくてはいけない。

ランドマスターとしては35年の経験がある。１９７７年に全米公認鍼灸師（ＮＣＣＡＯＭ）とカリフォルニア州公認鍼師の資格も取得している。

こうした立場や忙しいスケジュールにもかかわらず、チョウ博士はなんとか時間を作ってぼくたちの街に来て、３日間ぼくの相談相手になってくれた。チョウ博士と過ごした時間はとても貴重で、ぼくが正しい道を知る上で重要な役割を果たすものとなった。博士はグラウンディング（大地のエネルギーとつながること）や、いいエネルギーと悪いエネルギーをうまく分離する方法など、大事なことについて教えてくれた。何よりよかったのは、博士のおかげで、両親がぼくの普通でない能力を心配するのをやめてくれたことだ。博士は、それをありのままに受け入れ、天からの贈り物と理解するよう教えてくれた。そして、小さな宝石のような、忘れられない言葉もくれた。

中でも光っているのは、「わたしたちは少なくとも1日3回はお腹が痛くなるほど笑わなくてはいけない」という言葉だ。ぼくには人を癒す能力があるが、そのまま健康でいられるかどうかはその人次第だ。人生を楽しみ、いつもユーモアを持っていなくてはならない。笑いが人を癒し、健康を保つのに役立つことはわかっている。体内に分泌《ぶんぴつ》される化学物質の働きにしろ、楽しくやろうとただ考えることのおかげにしろ、とにかく効果がある。

チョウ博士は、ほかにもたくさんのヒーリング技術をぼくに手ほどきしてくれた。そのことに大変感謝している。エネルギーヒーリングの経験がある人と話すのは、新鮮な空気中で呼吸するような気持ちだった。父とぼくとで博士のワークショップに参加したとき、あっと驚くようなデモンストレーションを見せてもらえたことも、とてもためになった。

さらにこうした実験で、ぼくたちが本当はお互いにどんなに結びついているものかということも証明してみせてくれた。ある人のエネルギーフィールドを変えることは、そのエネルギーフィールドの中や近くにいる人みんなに影響を与える。誰かがネガティブな気分でいると、周りにいる人もみんなネガティブな気分を感じる傾向がある。もちろん、その反対のこともある。ポジティブな人のそばにいると、自分もポジティブな気分になることが多い。

「視覚化」の方法でヒーリング技術が格段に上がった!

チョウ博士から学んだ中で一番大切なことの1つに、「視覚化」というのがある。初めて博士に会ったときには、ぼくはまだエネルギーの閉塞《へいそく》除去の経験が浅かった。エネルギーの閉塞を除去する別のツールをどう視覚化するかについてちょっとした情報をもらったことで、ぼくはより効果的なヒーリングができるようになった。

たとえば、多発性硬化症の患者を初めて見るとき、ぼくには病気が緑の砂の粒子のように見える。その粒子を1つ1つつまみ上げては捨てるところを思い描くというのが、ぼくの通常のアプローチのし方だった。でも、このやり方だと、それを取り除くそばからまた閉塞が起こってしまい、非常に効率が悪かった。チョウ博士がもっと有効な視覚化の方法を教えてくれたおかげで、ぼくはヒーリングがやりやすくなった。

いつか、思考による癒しが普通のことになる日が来るだろう。ぼくにもそういう方向に進めていくためのお手伝いはできると思う。そうでありたい。

人のエネルギーフィールドはお互いに結びついている

ある人のエネルギーフィールドを変えることは、そのエネルギーフィールドの中や近くにいる人みんなに影響を与える。誰かがネガティブな気分になれば、周りにいる人もみんなネガティブな気分を感じる傾向があるし、もちろん、その反対にポジティブな人のそばにいると、自分もポジティブな気分になることが多い。これは人が本当はお互いどんなに結びついているかの証明になる。

第3章

生命のすべては「量子情報の場／宇宙エネルギーのシステム」で全部つながっている！

誰にでも生まれ持った才能がある。
だが、何より大切なのは、
生きていることそれ自体だ。

——アダム

量子情報の場におけるつながりに気づく！

旅はできごとの連続だ。それは最初の一歩から始まる。ぼくの場合は、自分が人と違っているとわかったことからだ。自分が生まれ持った才能を使うということは、ぼくたちみんなの責任だと思う。ぼくは自分の才能を人のために使おうと決めた。自分の才能を無視するとか、ほかの人にその知識や利益を与えないというのは恥ずかしいことだ。

誰にでも生まれ持った才能がある。だが、何より大切なのは、生きていることそれ自体だ。生命は、ぼくが「宇宙エネルギーのシステム」と呼ぶものとのつながりを与えてくれる。量子物理学ではこれを量子情報の場ということで扱っている。このつながりに気づくこと自体、1つの才能なのだ。

人の能力や才能はさまざまだ。ぼくの妹には音楽を理解する才能がある。妹はどこに行くときも音楽を聴いている。ショッピングセンターでも、自然の中でも、いつもだ。音楽に耳を貸さないでいることはできないし、スイッチを切ることもできない。それは妹の才能の1つだ。

視覚芸術家（ビジュアル・アーティスト）は見るものすべてに作品となりうる可能性を

感じるに違いない。ハイウェイ沿いの眺めのいい場所にイーゼルを立てて、その瞬間の美を2次元のイメージの中にとらえ、後の楽しみに残そうとしている。

芸術家にはそこに新しい芸術作品が見えるのだろうが、岩肌の露出した深い渓谷の底を、海を目指して水音高く川が流れていく景色の目をみはる美しさは、誰でも味わうことができる。渓谷を縁取る常緑樹の香りは脳に浸《し》みわたり、尽きることのない驚きを感じさせる。びゅうっと吹きつける風はぼくたちに活力を与え、宇宙エネルギーのシステムとのつながりを感じさせてくれる。宇宙エネルギーのシステムは、ぼくたちを包みこみ、ぼくたちにつながるものであり、ぼくたちそのものだ。あらゆるものと一体になったのを感じ、芸術家はそれを彼らの才能を使ってとらえようとする。

問題を解決する力に恵まれている人もいる。法律知識の理解という才能に恵まれ、それを必要としているほかの人たちを守ることに、一生をかける人もいる。カリスマ性を持ち、ほかの人の心を動かし、その人が最高の状態にいられるようにする人もいる。どんな才能もみんな大切だ。ぼくたちは、1人1人の貢献に互いに依存しあっている。だから、どの才能がほかよりも大事だとか、大事でないとかいうことはまったくない。

才能は生かすためにある！

人は誰でも生まれ持った才能がある。芸術的にすぐれている人もいるし、問題を解決する力に恵まれた人もいる。カリスマ性を持ち、ほかの人の心を動かす人もいるだろう。ぼくたちは、１人１人の才能の貢献に互いに依存しあっている。どの才能がほかの才能より大事だとか、大事ではないということはまったくなく、どんな才能もみんな大切なのだ。だから、自分が生まれ持った才能を使うということは、みんなの責任だと思う。自分の才能を無視するとか、ほかの人にその知識や利益を与えないというのは恥ずかしいことだ。

あなたとともにある宇宙エネルギーのシステム

ぼくたちは、宇宙のエネルギーやお互いとつながりを持っている。これはぼくたちみんなが分かち合っているつながりで、それをここでは「宇宙エネルギーのシステム」と呼ぶことにする。その力はあなたにも、そしてあなた以外のほかの誰にでも、同じようにいつでもともにある。それに気づいている人もいるし、気づいていない人もいるだろう。それでも、宇宙エネルギーのシステムは本当にあるのだ。

宇宙のエネルギーとのつながり、それは「ぼくたちそのもの」！

ぼくの能力の1つに、ぼくたちと宇宙のエネルギーとのつながりやお互いのつながりに敏感だということがある。このつながりはいろいろな呼び方をされている。でも、どう言おうと、これはぼくたちみんなが分かち合っているつながりで、それをここでは「宇宙エネルギーのシステム」と呼ぶことにする。そう呼んだほうが、「その力があなたとともにありますように」などと言うよりもわかりやすい。その力はいつもあなたとともにあるのだから（ついでに言えば、「あなた」だけでなく、ほかの誰でも同じだ）。それに気づいている人もいるし、気づいていない人もいる。それでも、それは本当にあるのだ。

生きているあいだには、偶然の一致ということですませているできごとがいくつもある。でも、ぼくはいくつかの経験から、そのことを別なふうに考えるようになった。

「そうなると思っていた」というようなことを口にしたことはないだろうか？　そういう経験のある人は大勢いる。何かが起こって、そのときに、それが起きるということが前からわかっていたような気がすることがある。ぼくたちは、宇宙の情報のグリッド（格子）から絶えず情報を受け取っている。必要なものとそうでないものをふるいにかけて、役に立つものを知覚しているというだけのことだ。こうした偶然の一致に気づき、そのメッセージやそれが意味していることをもっと知ろうとしなければならない。

偶然の一致、アイディア、すべては宇宙のエネルギーフィールドからやってくる！

偶然の一致というのはたいてい何か理由があって送られてきたメッセージであり、その理由というのはたぶんあなたに関係があることだ。あなたとつながりのある誰かに向けたメッセージだったのかもしれない。それを必要としている誰かへのパイプ役として、あなたが使われたのかもしれない。

過去から現在に至る情報はすべてまだそこにあって、ぼくたちはそれを使えるようになっている。宇宙のエネルギーフィールドというのは、まさに宇宙そのものを意味する。発明も、病気の治療法も、知識も、宇宙エネルギーのシステムから届いているのだ。

時に、ものすごくいい考えが浮かんで自分でびっくりすることがある。そんなとき、（人間のエゴとはそういうものだが）こんなアイディアを思いつくとは自分はずいぶん頭がいいと思ってしまいがちだ。自分のことをよく思うのはちっとも悪いことではない。だが、本当のところは、その人はただ自分の頭だけですばらしいアイディアを思いついたわ

偶然の一致に隠されたメッセージを理解する

ぼくたちは、宇宙の情報のグリッド（格子）から絶えず情報を受け取り、必要なものとそうでないものをふるいにかけて役に立つものを知覚している。

ふだん偶然の一致ということですませているできごとがいくつもあるが、この偶然の一致というのは、たいてい何かの理由があって送られてきたメッセージである。それは、あなたに関係のあることやあなたとつながりのある誰かに向けたメッセージだったのかもしれない。こうした偶然の一致のメッセージに注意を払い、その意味していることをもっと知ろうとしなければならない。

思考やアイディアは宇宙の共有の宝である

ものすごくいい考えが浮かんで自分でびっくりすることがある。そんなとき、こんなアイディアを思いつくとは自分はずいぶん頭がいいと思ってしまうかもしれない。だが、本当のところは、その人はただ自分の頭だけですばらしいアイディアを思いついたわけではなく、宇宙のエネルギーフィールドからもたらされたものなのだ。

宇宙のエネルギーフィールドには、過去から現在に至る情報がすべてそこにあって、それを誰でも使えることになっている。アイディアは宇宙のエネルギーフィールドに自分の考えを送り込んだたくさんの人に支えられていて、誰もが思考やアイディアを共有できるようになっている。

けではない。宇宙のエネルギーフィールドに自分の考えを送りこんだたくさんの人に支えられているのだ。ぼくたちはみんな、そんなふうにして思考やアイディアを共有しているのである。

アクセスが同時に行われることもある。たとえば、冷蔵庫は別の国に住む2人の人間によって、ほぼ同時に発明された。2人はお互いに連絡をとったことは1度もなかったが、それぞれ必要な情報に同時にアクセスしたのだ。

母の友だちにすばらしいデザイナーがいるが、その作品にはクライアントも同業者も多くが圧倒されている。みんな、あんなにユニークで見事なデザインをどうやって考えつくのかとしょっちゅう尋ねていて、その人が賞賛を求めないことをとても残念がる人たちもいる。

「どうやって自分にこういうものを作ることができたのか、本当にわからない」と、その人はいつも言っている。「自分の中から生まれてきたという感じがしないのよ。まるで、わたしを通り道にして出てきたという感じ」

ぼくには、その人の言っていることがわかるし、その人がそれに気づいたことをすばらしいと思う。だが、周りにいる人たちは、それを受け入れるのが難しいことが多い。それは自信が足りないんじゃないかとか、そんなふうに考えてしまう。ぼくは、そうは思わない。その人はただ自分と宇宙エネルギーのシステムとのつながりに気づいているだけで、創作活動の際、日常的にそれを活用しているのだ。ぼくも、ヒーリングを行うときに宇宙エネルギーのシステムを活用している。

ぼくは、人々から病気を取り除いてあげたい！

ヒーリングは、ぼくには見て見ぬふりのできないものだ。この能力は偶然の一致なんかじゃない。それは何か理由があってぼくに授けられたのであり、ぼくはそれを使っていこうと思う。ぼくはやっぱり高校には通うし、普通の人間づきあいをするし、スポーツもやる。でも、人々から病気を取り除いてあげられるというのは、とてもやりがいのあることだ。それを必要としている人たちみんなを治療してあげられるだけの時間があったらと思うし、同じように、バスケットやテニスやスノーボードをしたり、ガールフレンドとおしゃべりしたりする時間、だいたいはただ友だちと一緒にいるだけの時間にしても、もっとあればいいのにと思う。ぼくはまあ……いわゆる普通の16歳なのだ。

宇宙のつながりに敏感だという才能があるから、ぼくにはヒーリングができる。自分にヒーリングができることは前からわかっていたが、その能力はほかの人に知られないようにしなくてはと思っていた。周りの人に打ち明けたりしたら、嫌われたり、のけ者にされたりしただろう。普通でない能力を持っている人たちの多くは、社会生活と、その独自性とともに生きていくことのどちらかを選ばなくてはならないように思ってしまう。でもぼくは、その両方を選んだ。社会生活もぼくには大事だ。しかし、自分に与えられたヒーリングという贈り物を分かち合える能力も大事だし、だからぼくは、その2つをなんとかして一体化する方法を見つけなければならないのだ。

光栄にも、ぼくは本当にすばらしい人たちに指導をしていただくことができた。誰のことを言っているのか、ご自身はおわかりのことと思う。ぼくに力を貸し、支えてくださったことを、その方々に心より感謝したい。おかげさまで、ぼくはこの世界を一歩一歩進み続けている。

ヒーリング技術が訓練により進歩しはじめる

ヒーリングを始めた頃、それはとても疲れることだった。ほかの人の痛みを引き受けてしまって、痛みを感じたり、ぐったりしてしまったりすることもあった。しかし、何事もそうだが、訓練することでうまくできるようになるものである。

ぼくが学ばなくてはならなかったことの1つに、自分を傷つけずにヒーリングを行うということがあった。ぼくを絶えず心配している両親にとって、それは大事なことだった。母は特に、ぼくが無理をしないよう、十分な休養をとるよう気配りしていた。つまりぼくは、人の痛みを引き受けることなくヒーリングを行う方法を見つけなくてはならなかったわけだ。それで、ヒーリング技術の専門家から指導を受け、時間をかけて、自分の技術を磨き、進歩させてきた。それでわかったのは、学ばなくてはならないことはまだまだたくさんあるということだった。

ぼくの第一歩は、外側のオーラ（人間のエネルギーフィールド）が見えるのは珍しいことであっても、決してぼくだけの持つ能力ではないと知ったところから始まった。かつては、自分の見ているものはほかの人にも見えるのだと思っていた。じきに、それが特別な能力であることを知り、自分でそれをコントロールすることを学んだ。エネルギーの方向を変えて、ほかのあらゆる生命体（人間も動物も植物もすべて）のエネルギーフィールドと結びつかせることもできた。このエネルギーフィールドのつながりは、ヒーリングのために使うことができる。この新しい能力を開発しようとしていたときには、自分が地図のない場所にいるような気がすることが何度もあった。進んでいくあいだ、アドバイスが得られなかったというわけではないのだが。

ぼくには、ヒーラーから患者へのエネルギーの流れが、オーラで見える……

ぼくが行っているエネルギーヒーリングは、レイキ（日本のヒーリング技術）や気功、タッチセラピー、信仰治療などとは違う。特に何かの療法に属したやり方ではない。ぼくのヒーリングの能力は自然に自分に備わっていたものだ。ぼくは、ほかの人がどうやっているのか知りたくて、たくさんのヒーラーに会ってみた。ぼくにはオーラを見る能力があるので、ヒーラーから患者へのエネルギーの流れを見れば、どういうことが起こっているのかをはっきり知ることができた。たいていの人にはおそらく見えていないもの、ヒーラーたちの多くにも見えていないであろうものが、ぼくにははっきりと見える。

ぼくが最初に会ったヒーラーのうちの1人は、ぼくにエネルギーをグラウンディングさせる方法を教えてくれた。グラウンディングとは、自分の生命エネルギーを大地のエネルギーと結びつけることを言う。その人の説明では、息を吐《は》きながら、エネルギーの流れが体の中をだんだん下りていって、足の裏から地球の中心に向かって抜けていくところを想像するようにということだった。エネルギーのグラウンディングについて知っておくのはすべての人にとって必要なことだ。ぼくたちは息を吸うときに宇宙エネルギーのシステムとつながり、それを吸収する。そしてグラウンディングすることで、エネルギー回路が完成する。これを知って、ぼくは感動した。ぼくのエネルギーの流れもスムーズになった。

ぼくが出会ったメンターの1人はレイキヒーラーで、ぼくはこのヒーリングのやり方も少し教えてもらった。ぼくは、この人とテレパシーを使ったコミュニケーション（精神の対話）をしてみた。ほかの人と意図的にこれができるのは初めてのことだった。ぼくたちは同じ部屋に座って、言葉を一切口に出さずに会話した。代わりに、イメージの交換でコミュニケーションをとるのだ。このコミュニケーションのし方はおもしろかった。言葉で伝えるより、そのほうがずっと効果的なのだ。

後にぼくは、ほかのヒーラーともイメージでのコミュニケーションをとってみた。末期ガンを自分で治して、今はほかの人の手助けをし、世界的に有名になっている人だ。その人は、体の振動レベルを高めるというやり方を使う。その人には、さまざまな色の振動レベルとそれがヒーリングに与える効果について教えてもらった。ぼくたちの体は、自分が認める以上にたくさんの面で宇宙とつながっている。

アダムのヒーリング・メッセージ⑬

グラウンディングでエネルギーの回路を作る

グラウンディングとは、自分の生命エネルギーを大地のエネルギーと結びつけることを言う。息を吐きながら、エネルギーの流れが体の中を上から下へだんだん下りていって、足の裏から地球の中心に向かって抜けていくところを想像する。

息を吸うことで宇宙エネルギーのシステムとつながり、それを吸収している。さらにグラウンディングすることでエネルギーの回路が完成し、流れはスムーズになる。

オーラを超えて、「体内スキャン」までできるようになる……

ある有名なヒーラーと会えたこともうれしかった。その人は自分のヒーリングの能力をまったく偶然に発見したのだ。人生の大半をハイテクの分野で過ごしていて、そのあいだはつながりを持つことを避けようとした。もちろん、その人も自分の才能を使うべきだということには気づいていた。でも、それを使う準備ができるまで、才能はどこにも逃げないで待っていてくれるとわかっていたのだ。

それぞれのヒーラーの力がみな違うものなのを知り、ぼくは自分の会ったほとんどの人から技術やアイディアをもらって、自分のヒーリングに取り入れてきた。そのすべてから、ぼくはとても貴重なものを学んだ。ぼくたちはみな、よりよいものを目指して、ともに努力を重ねているのだ。だが、ぼくたちを結ぶつながりを人々に気づかせるには、たくさんの人の献身が必要だろう。

ぼくは、すべての生命体を取り巻く外側のオーラというエネルギーよりも、もっとずっと深いところまで見えるようになった。ぼくにはさまざまな周波数のエネルギーフィールドを見る能力がつき、ある種の体内スキャンもできるようになった。エフィー・チョウ博士は共著書『Miracle Healing from China: Qigong（気功——奇跡の中国式ヒーリング）』の中で、この能力は、気功マスターの中でも持っている人がめったにいない珍しい能力だと言っている。

「体内スキャン」は遠隔ヒーリングに応用できる！

この能力があることがわかって間もなく、写真さえあれば遠く離れた人の体内をスキャンすることもできることがわかった。遠隔ヒーリングにはこの技術を使っている。これを使えば、ぼくは世界のどこにいる人でも治療することができる。どんなに距離が離れていようと問題にはならない。つながりは宇宙の情報の流れを使って作られるので、ヒーリングを行うのに、実際にその人の近くにいる必要はないのである。遠く離れていても問題はない。相手が同じ大陸にいてもいなくても、何の違いもないのである。

このあたりの話は、ぼくたちが通常いる物質世界から大きく飛躍《ひやく》した考えになるので、量子物理学と量子ホログラムの知識がいくらか必要になってくる。ホログラムの背景にある科学や量子物理学については、後の章でもっと詳しく説明することにする。

ぼくは初めのうち、人の体の外側にあるエネルギーの領域や自分のオーラに注目してヒーリングを行っている人たちに会った。ヒーラーは、自分の手や精神を使って、体にネガティブな影響を与えているエネルギーの閉塞を除去し、流れをよくしていた。多くのヒーラーは、これが健康の問題に対し、有効なテクニックであることを発見したのだ。

オーラの色、流れのパターンで、不健康な部位とその予知までできる！

オーラは実際の体の延長だったり、反映だったりするので、それを見て病気や怪我を発見することは簡単だ。病気や怪我はぼくたちのエネルギーフィールドに顕著《けんちょ》に表れるから、そうやってヒーラーは問題のある場所を見つけられるようになっている。また、このフィールドのエネルギーにはさまざまな色があって、それがたくさんの情報を伝えてくれる。色は、ただ問題をわかりやすく示してくれるだけではない。ぼくは、病気や怪我のある部分ではそのあたり一帯のオーラが乱れていることを発見した。ほかの健康な部分では、オーラは一定のパターンで動いたり渦《うず》を巻いたりしているか、調和して、ちゃんと機能しているように見える。ちゃんとした流れがあるのだ。だが、問題のある場所では、それが壊れている。そこには明らかに不調和が見える。

ぼくにはこうした閉塞や断裂を、それがまだ新しい場合、本人がそれを身体的に感じる

オーラで健康状態がわかる

オーラは実際の体の延長だったり、反映だったりするので、病気や怪我はエネルギーフィールドに顕著《けんちょ》に表れる。健康な部分のオーラは一定のパターンで動いていたり、渦《うず》を巻いていて、調和もとれてきちんと機能しているように見える。だが、問題のある場所では、それが壊れていて、そこにはあきらかな不調和が見える。そのあたり一帯のオーラが乱れているのだ。

より早く見つけられる。それが新しいときは、まだその部分は痛みを起こしたり問題に気づかせたりするほど長くは乱れていないこともある。進行しつつある問題の初期の危険信号と言ってもいい。それは先制的な治療の根拠にもなる。病気は早く発見されるほど、問題の部分の修復も簡単にできる。よく耳にする話ではないだろうか?

ぼくたちを結ぶつながりを
人々に気づかせるには、
たくさんの人の献身が必要だろう。
――アダム

第4章

ぼくのヒーリング方法、それは量子の世界に現れるホログラムを調節すること

アダムは才能に恵まれた
熱心な若いヒーラーです。
彼の言葉は多くの人を触発するでしょう。

――エドガー・ミッチェル　科学博士
［ノエティック・サイエンス研究所（ＩＯＮＳ）創設者
人類で６番目に月面を歩いたアポロ14号宇宙飛行士］

月に行った科学者、ミッチェル博士が「答え」をくれた！

父はいつも、どんなものごとにも科学的な説明があると教えてくれた。現在の科学の知識ベースで説明のつかないものは、「ミステリー」と呼ばれる。何かいいことが起こって、どうしてそうなったかの説明がつかないときは、それを「奇跡」と呼ぶ。この社会のどこでも、そんな具合だ。医者が余命数か月と予測した患者が何年も生き延びて、その医者を驚かせることもある。医者はそれを「奇跡だ」と言うが、それはただ何が起こったかという理解がその医者の医学の範囲にないからにすぎない。

これまで科学を開拓してきた人たちの大半は、当時の科学的見地から外れた研究をして、笑いものになっていた。ぼくは、自分の固く信じるものを恐れることなく開拓している、ある現代の科学者と会う機会に恵まれた。その科学者の名前はエドガー・ミッチェル博士という。

その名前は、多くの読者にもなじみ深いものに違いない。１９７１年1月31日、アポロ14号がケープケネディから打ち上げられ、その5日後、エドガー・ミッチェルとアラン・シェパードが月面を歩いた。そんなドラマチックで大きな意味のある経験をしたのだから、もちろん、生命や人間の意識についてのミッチェル博士の考え方はそれまでと同じではありえなかった。宇宙航空学の博士号を取得してマサチューセッツ工科大学を卒業した博士は、人間の意識の謎だけでなく、心霊現象――それをスピリチュアリスト（心霊主義者）は「奇跡」と言い、科学者は完全に退《しりぞ》ける――をも説明できる理論を構築した。ぼくが考えるには、ミッチェル博士は現代の偉大な思想家の1人だ。

月から地球に帰還するとき、ミッチェル博士は自分が宇宙的なつながりを深く感じていることに気づいた。この強烈な認識が博士のその後の進路を決定したのだろう。後の30年以上にわたって、博士は意識と生命の神秘を研究している。

ヒーリングのメカニズムを説き明かす鍵は、量子ホログラムの研究にある

エドガー・ミッチェル博士は、何年も量子ホログラムの研究をしている。これは意識そのものも含め、人間に起こる現象に重大な科学的説明を与えるものである。博士の書いた学術論文は複雑で、とてもこの本の中では説明できない。だが、博士にはものごとを科学の用語で説明できる力があり、おかげでぼくは自分の能力とその進歩について理解することができた。

魔法、奇跡、自然現象。ぼくたちは、今ある知識ベースで理解できないことがらをそんなふうに呼ぶ。だが、誰かがぼくのやっているヒーリングを「奇跡」と言ったら、ぼくはそれを訂正しなくてはならない。ぼくのやっていることにはすべて科学的なベースがあるのだ。科学者のエドガー・ミッチェル博士は、このテーマについて、もう何年も研究を続けている。

『Nature's Mind: the Quantum Hologram（自然の意思——量子ホログラム）』と題された博士の論文は、ぼくが誰かのエネルギーフィールドとつながっているときに起こっていることの説明に最も近い。ぼくは、どんなものごとにも科学的な説明があると思っている。ただ、それを発見する必要があるというだけなのだ。ぼくの力に変化があったとき、その説明を求めにミッチェル博士を訪ねると、いつも新鮮な空気を吸うような気持ちになる。博士はとても丁寧に辛抱《しんぼう》強く、ぼくの人生の旅路でも普通とは違うこの時期を切り抜けるために力を貸してくださった。博士の指導は、ぼくが自分の能力の背景にある科学的な意味を理解するためにはかけがえのないものだった。

量子力学と遠隔ヒーリングの共通性に気づく！

偶然の一致などというものは存在しない。ものごとは何か理由があって起こるのだ。ミッチェル博士とお会いしたことがぼくの成長には欠かせないものとなったことで、ぼくはそれを実感した。一致の連鎖《れんさ》は、まずおじのところから始まった。おじが常々一番興味を持っていたのは、宇宙旅行だった。おじの家は、ロケットや宇宙船の模型でいっぱいだった。宇宙飛行士の書いた本もほとんど持っていて、その中にはエドガー・ミッチェル博士の『The Way of the Explorer（探検者の道）』もあった。

ある日、おじが「Quickening Global Consciousness（地球意識を高める）」と題されたイベントのパンフレットを持ってぼくたちの家を訪ねてきた。このときまで、ぼくはノエティック・サイエンス研究所（IONS）については聞いたことがなかったが、これはミッチェル博士が30年前に設立した機関だ。そのイベントのいろいろな研究テーマの中に、遠隔ヒーリングというのがあったのだ。

この情報は、まさにぼくが必要としていたときにもたらされた。それがあと1カ月でも早ければ、ぼくのほうの準備ができていなかったと思う。イベント当日、両親とぼくは早

科学は現代の教義に縛られている

人間は変化を好まないものだ。生活のどんな局面でも、変化に対して抵抗がある。新しい概念が最初は疑いをもって見られるというのも、よくあることで、これは現代のどんな科学にも当てはまる。医学の分野でも、同じ質問を１人にしようが10人にしようが、医師たちから返ってくる答えは時代で共有している。それは一連の同じ知識に基づくものだからだ。しかしやがては、こうした現代の教義も別のものに取って代わられるだろう。ぼくは、何が可能で何が不可能かということについて、自分が現代の教義に縛られていないことを幸運に思う。

めに行って、前のほうに席をとった。ぼくたちのテーブルにはあと2つ席が空いていたが、200人の参加者が入ったその部屋でほかに空いているのは、後ろのほうの数テーブルだけだった。

招待講演者が紹介される直前に、ぼくたちのテーブルにミッチェル博士の親しい友人が座った。もちろんぼくたちは、休憩時間になって話をしてみるまで、そんな関係など知る由《よし》もなかった。ぼくは自分がそこに来た理由を言いたくはなかったが（ぼくはまだ自分のヒーリング能力については、人に知られたくないと思っていた）、それを言わないでいることは無理だった。ミッチェル博士の友人は交通事故に遭《あ》ったばかりで、ぼくにその傷が見えたり、治療ができたりすることにとても興味を持った。そして、ぼくのヒーリング能力にとても驚いて、ぼくをミッチェル博士に引き合わせることに決めたのだ。

そのときすでに、ぼくはミッチェル博士とＩＯＮＳが与えてくれた基礎知識と見識、導きに感謝していた。未知なるものを探究し、理解しようとする知的な人々と会うのは、心が落ち着く。エドガー・ミッチェル博士のような人々がいなければ、世界は今日あるようなところまで進歩することはなかっただろう。

物理学者マックス・プランクのような人たちもそうだ。１００年あまり前、プランク博士は波動性と粒子性を持った小さなエネルギーの塊という概念を世界に知らせる数式を書いた。それが「量子」として知られているものである。博士の数式は量子物理学の基本となり、そこから、通常の経験科学における因果関係の法則には当てはまらない事実を扱う新しい科学の分野が生まれた。

人間は変化を好まないものだ。生活のどんな局面でも、変化に対しては大きな抵抗がある。科学の主流は、地球が平らでなく丸いという考えが初めて提示されたときにも衝撃を受けた。そして科学者たちはその概念を退けることに決めたのである。

実際、「世界は平面だと考える社会」は頑固《がんこ》で、地球が丸いと信じる人たちの頭はどうかしているのだと考えた。学者社会でも、１人に聞こうが10人に聞こうが関係なかった。返ってくる答えは同じ。学者たちもみな、同じ考え、同じ理論、同じ答えを共有していた。だが何百年かたつと、地球は丸いという考えはたやすく受け入れられるようになり、世界が平面だという信念や教義に頑《かたく》なにしがみついている人のほうこそどうかしていると思われるようになった。

新しい概念が最初は疑いをもって見られるというのは、よくあることだ。これは現代のどんな科学にも当てはまる。医学の分野でもそうだ。同じ質問を1人にしようが10人にしようが、医師たちから返ってくる答えは時代で共有している一連の同じ知識に基づくものだ。現代の医師は、ガンでも何でも、メスや放射線、中毒性のある薬で治療を行う。やがて、こうした治療や処置の多くは別のものに取って代わられるだろう。ぼくは、何が可能で何が不可能かということについて、自分が現代の教義に縛《しば》られていないことを幸運に思う。

ぼくは、遠隔ヒーリングが可能であることを説明するには、量子力学の基礎をいくらか理解することが必要だということに気づいた。量子の世界では、現実性の本質は以下のような概念を包含するものと考えられている。

1　量子力学的粒子（電子など。以下、「量子」と言う）は、同時に複数の場所に存在することが可能である。

2　量子は、粒子として観測されないかぎり、通常の時空間における実体として出現しているとは言えない。

3　量子はある場所に存在しなくなると同時に別の場所に現れるが、それがその間の空間を通って移動したとは言えない（量子飛躍）。

4　観測によってある量子に何らかの影響が与えられたとき、どれだけ距離が離れていようと、強い相互作用を持ったそれと対になる量子にも同時に影響が及ぼされる（量子の遠隔作用）。これを「非局所的作用」とも言う。

＊物理学者アミット・ゴスワミ博士の許可を得て、noetic.org のウェブサイトより転載。

すべての粒子は基本的に他のすべての粒子とつながっている。量子情報の場では、すべての情報と知識にアクセスすることが可能だ。どんな物体も、自身の量子ホログラム、あるいはイメージを放っている。それがこの地球上にあろうと、宇宙の反対側の星にあろうと関係ない。ぼくには、量子情報の場が、視覚的には誰かの脳の中をのぞくのとそっくり同じように見える。エネルギーのレベルで脳の中をのぞいて見ると、脳内のすべてのニューロンにつながる経路のネットワークを通って、シナプスのスイッチがカチッカチッと驚くべき速度で入ったり切れたりするのが見える。

量子情報の場に見えるノード（結び目）は、どれも明るく強く光っていて、ちょっとクモの繭《まゆ》にも似ている。どの繭からも無数の経路が延びていて、それがみなほかの繭につながっている。それが際限なく続いているように見える。

真実は、インドの聖典「ヴェーダ」にも記されていた！

以下に引用するのは、古代インドの聖典「ヴェーダ」の中の話で、およそ7000年前のものである。友人に教えてもらった話だが、ぼくはこれをすばらしいと思う。本当にすばらしい。宇宙エネルギーのシステムや量子情報の場を視覚化するときとそっくり同じであるところに、ぼくは興味を引かれる。

インドラの網
　宇宙には、
無限の網が張りめぐらされている。
横糸は空間。
縦糸は時間。
糸の交差する点の1つ1つにそれぞれの人間がいる。
1人1人の人間は水晶《すいしょう》の玉である。

アダムのヒーリング・メッセージ⑯

遠隔ヒーリングと量子ホログラム

地球上であろうと宇宙の星であろうと場所に関係なく、どんな物体も自身の量子ホログラム、あるいはイメージを放っている。すべての粒子は基本的に他のすべての粒子とつながっていて、量子情報の場では、すべての情報と知識にアクセスすることが可能である。

量子レベルでは、1つの同じシステムを形成する2つの粒子の行動は、距離が離れていても同時に起こる。2つがどんなに離れて見えようが関係はない。これを「非局所性」と呼ぶ。ぼくはヒーリングのとき、非局所性の情報メカニズムであるその人の量子ホログラムとつながり、意図的にその人の体に情報を送り、体に変化を起こさせる。健康状態がよくなると、それが量子ホログラムにも表れる。癒そうというぼくの意思と健康になりたいという相手の願いがあれば、実際にこれでよい結果が得られるのだ。

大いなる神の光は、
水晶の玉すべてを照らし、貫《つらぬ》いている。
水晶の玉はみな、
網の上のほかのすべての水晶の光だけでなく、
宇宙全体のあらゆる光の反射の反射をも、
すべて反射している。

直観力があり、強いエネルギーを持った人は、この領域にアクセスして質問し、そこにあるどんな情報でも手に入れることができる。直観力のある人間がほかの人間とつながると、人間どうしはこんなふうに互いに結びついているため、情報を瞬時に受け取ることになる。インドラの網はこの複雑な概念を、時代を超えた実にシンプルな言葉で表している。

量子の非局所性と遠隔作用に注目する

量子ホログラムがぼくのヒーリング能力に関係する部分で最も重要なのは、「非局所性」と呼ばれる量子の性質である。量子レベルでは、1つの同じシステムを形成する2つの粒子の行動は、距離が離れていても同時に起こる。2つがどんなに離れて見えようが、関係ない。これを知って、ぼくが遠隔ヒーリングで誰かを癒すことができる仕組みがよくわかるようになった。ぼくは、非局所性の情報メカニズムであるその人の量子ホログラムとつながる。それから、意図的にその人の体に情報を送り、体に変化を起こさせることができる。その人の健康状態がよくなると、それが量子ホログラムにも表れる。癒そうというぼくの意思と健康になりたいという相手の願いがあれば、実際にこれでよい結果が得られるのだ。それについては、次の科学的説明のセクションでもっと詳しく述べることにする。

20世紀のあいだに、レーザーやトランジスタ、CTスキャンなど、量子理論を早くも取り入れた先進技術が開発された。だが、日常生活を含め、多くの分野では、そこに量子現象を重ね合わせて考えるのはほとんどの人にとってまだ難しい。毎日仕事に出かけるときには、会社は昨日そこを出たときと同じ場所にあるとわかっていたい。橋や高層ビルの設計、建設に忙しく働いている建築家や技術者には、あるものが同時に2カ所に存在するなどとは考えがたいだろう。簡単にはわからないのは確かだ。でもやがては、この最も興味深い科学の謎も解明されて、その理論や概念をさまざまな分野に応用することが研究され、ぼくたちにとてつもなく大きな利益をもたらすことになると信じている。

ヒーリングの科学的説明、それはホログラムを見て、エネルギーを調節すること

ヒーリングを行うとき、どんなものが見えて、どんなことを体験し、何がわかるのかということをよく尋ねられる。ヒーリングを始めた頃には、相手にぼくの隣に座ってもらい、腕や手をその人のほうに伸ばしていた。そうすることで、ぼくと相手のエネルギーシステムを交流させることができたのだ。今では、距離は妨《さまた》げにはならない。相手が隣に座っていようと、世界の反対側にいようとまったく関係ない。写真を見るだけで、すぐにその人のエネルギーシステムにつながることができる。

治療のあいだ、ぼくはホログラフィックなイメージかホログラムを目の前に投影する。ホログラムは視覚的な手引きと言ってもいいし、3次元の地図と言ってもいい。誰かを治療するときには、それがぼくの前に現れる。こういうふうにして、体の情報をすべて得ることができる。どんな物体も自身の量子ホログラムを放っており、そこにはそれ自身の情報がすべて含まれているのだ。この量子情報の場から、特定の情報や見解を使って自分の投影したホログラムの映像の一部に焦点を絞ったり、ズームインしたりもできる。

誰かの中に入っていくとき、ぼくはさまざまな情報のグループにうまくチャンネルを合

ヒーリングにおけるホログラムの重要性

治療のあいだ、ぼくはホログラフィックなイメージかホログラムを目の前に投影することで、体の情報をすべて得ることができる。ホログラムは視覚的な手引き、3次元の地図と言ってもいいかもしれない。ホログラムが現れれば、ぼくはエネルギーを調節することができ、その人が自分を健康な状態に戻す道を見つけられるようにする。ヒーリングしようという意思を通じて、ぼくは治療している相手に情報を送り、相手の体と共鳴し、交流する。この情報交換をすることで、その人の健康状態にエネルギー的に変化が起こり、ホログラムにも反映される。

わせることができる。それは、テレビのチャンネルを変えるのに似ている。ぼくの精神がリモコンのように働いて、ぼくをいろいろな周波数に調節し、そのたび違ったホログラフィックなイメージが見える。ヒーリングに使うホログラムには、それぞれ名前をつけている。

ホログラムが現れれば、ぼくはエネルギーを調節することができ、その人が自分を健康な状態に戻す道を見つけられるようにする。ぼくがこれをやっているところを見た人たちは、そのときのぼくの様子を、オーケストラを指揮しているみたいだと言っている。エネルギーを調節しているときのぼくは、腕や手を空中でゆらゆらさせて、指は一定のパターンで細かく動いている。見ている人たちには、うっとりさせる、一定の流れるようなジェスチャーに見え、燃えさかる炎の躍《おど》る姿にも似て見えるらしい。ヒーリングしようという意思を通じて、ぼくは治療している相手に情報を送る。ぼくはそれを、相手の体と共鳴することで行っている。

こんなふうにして、ぼくは相手の体と交流し、情報を交換する。そうすると、これが刺《し》戟《げき》を与えて、その人の健康状態にエネルギー的な変化が起こり、それがその人のホログラムにも反映される。たいていは、この変化がすぐに起こり始めるのが見える。

誰の体も、健康な状態に戻る道を知っている。ただちょっとした案内が必要なだけだ。その人のエネルギーシステムにこうした特別な調節をすることで、それがうまくいく。ぼくはこれをもう何百回もやったが、両親はそのたびに見ていたいと言う。母が言うには、ぼくがそれをしているとき、母にもいつもそれを感じることができるのだそうだ。

テクニックを磨き、発展させる過程で、ぼくは、治療をしているときに相手の痛みを自分に取りこむのではなく、そこで処理してしまえる方法を見つけた。ぼくはそれをブラックホールみたいな場所に送る。破壊はしない。宿主《やどぬし》となっていた生命体（その人間の体）から離れると、それは自然と死んでしまうらしい。

今では、誰かを治療した後、治療前よりエネルギーを感じることが何度もある。ぼくは、自分のエネルギーよりも相手自身のエネルギーを使って治療を行うことを、学ばなくてはならなかった。とにかく、本当にそのほうがいいのだ。ぼくは、どんなヒーリングも、実はそれを受ける人自身が行っているのだということも知った。ちょっとややこしいが、本当のことだ。これについては、この後の流れの中でもっと説明しよう。そのときわかったのは、宇宙のエネルギー源を使うほうがはるかに強力で効果的なヒーリングができるということだ。この無限とも思えるエネルギー源を癒しに使うほうが、１人の人間が持つエネルギーを使うよりずっと効果的である。

学ぶことは、自分自身でしかできない。
代わりに学んでくれる人など**誰もいない**。
ヒーリングを行うのも自分自身。
代わりに癒してくれることは**誰にもできない**。
教師はぼくたちを指導し、ぼくたちに情報に向かう道を教え、
その過程では、ぼくたちを励まし、支えてくれる。
ヒーラーは、その人が自分自身のエネルギー源とつながるのを助け、
希望を与え、道案内をする。
準備さえ整えば、
ぼくたちは自分自身で知識を**学べる**。
準備さえ整えば、ぼくたちは自分の体を自分で**癒せる**。
心は**学ぶ**ことができる。
体は自分を**癒す**ことができる。

ただし、それには準備が必要だ。

学ぶことは、
自分自身でしかできない。

――アダム

第5章

ぼくは相手のエネルギーの
ホログラムとつながる能力を使って、
人を癒している！

癒そうという意思を通じて、
ぼくは相手の体に
新しい情報を送り、
それによって相手の体の健康状態に
変化を起こすことができる。

――アダム

体内へのバーチャルツアーで、エネルギーの閉塞を見つける！

ぼくのヒーリングは、まず全体のエネルギーのホログラムを作るところから始まる。それを見ると、エネルギーの閉塞《へいそく》の場所がわかるのだ。ぼくはヒーリングで新しい課題に出合うたび、いつも新しいテクニックやホログラムの層を生み出してきた。現在、ぼくは少なくとも8種類のホログラフィックな投影（ぼくはこれをホログラムと呼んでいる）ができる。この本を書き上げる頃には、もっとたくさん使えるようになっているだろう。ホログラムはどれも、それぞれ別の状態や場面に対して有効に働く。

ヒーリングを始めた頃は、1つのホログラムだけを使ってエネルギーの閉塞を探し、特定して、除去していた。ぼくは相手の体内へのバーチャルツアーをすることができ、体内のどんな器官や内部の構造も、やはりぼくには写真のように見えた。エネルギーの閉塞は表面に目立って見えるので、簡単に見つけて取り除くことができる。だが、この作業をすると、疲れることが多く、後から頭痛がすることもあった。また、ホログラムを使っているときは、ぼくは時間の感覚を完全に失ってしまう。息を止めるよりも息をすることにちゃんと気をつけていなければならなかった。今ではそれがごく自然にできるようになった。

それも、うまくできるようになるまでの学習過程の一部だったに違いない。ぼくは本当にたくさんのテクニックを発見した。

セルフガードしながら相手に「入っていく」方法を覚える！

あるとき、ぼくは心臓病の若い男性を見ていた。すると突然、そんなつもりもなかったのに、気づいたらぼくはライブ状態の彼の体の中に入りこんでいた。鼓動《こどう》する心臓、収縮する動脈、開閉する弁、ぼくはそんなものにすっかり取り囲まれていた。

ぼくはこの迫真の眺めに圧倒されて、逃げることもできなかった。グラフィックイメージがぼくを取り囲んでいた。自分が体験していることに激しいショックを受け、怖くなって、ぼくは後ずさりした。それは本当に、とてもいい眺めとは言えなかった。後ずさりしているうちにぼくはそこから解放されたが、やっと抜け出したとたんに気分が悪くなり、目まいがし、疲れきって倒れてしまった。ぼくはすぐにベッドに入って、眠らなくてはならなかった。

この体験以来、ぼくはどんなふうにしたら、気分が悪くならないようにして誰かの体のホログラムに入ったり出たりできるかを学んできた。今は、コントロールされるのではなく、自分がそれをコントロールするということができるようになっている。

ぼくは完全に治療している相手の体内にいるように感じるし、活動中の体のすみずみまで、中から見ることができる。体内のビジュアルツアーを見ているようなものだ。ぼくには、すべての器官が動いているのが、あるいは動こうとしてうまくいっていないのが見える。心臓の鼓動が聞こえ、ポンプのような動きが見える。ガンが成長しているのが見える。脳の中のシナプス伝達の様子が見える。治療をするあいだ、ぼくの目にはすべての細胞、すべての活動が見えているのだ。ぼくはそれを「入っていく」というふうに言っている。ぼくはいつでもこれをやるわけではない。普通は、エネルギーのホログラムの中に入っていく。リアルタイムの身体のホログラムは、特別な問題で必要があったときにだけ使っている。

ぼくがよく使うホログラム受信法！

量子情報の場にある誰にでも使える情報を使って、ぼくはヒーリングに必要な一連の情報を受信している。受信機のダイヤルを回して周波数を変えるように、心の中でその調節ができるのだ。それから、この一連の情報をホログラフィックなイメージとして目の前に投影する。ぼくは経験から、病気によってそれぞれ別のホログラムを受信するほうが効果的なことを知った。顕微鏡を使うように、必要に応じてズームインやズームアウトもできる。癒そうという意思を通じて、ぼくは相手の体に新しい情報を送り、それによって相手の体の健康状態に変化を起こすことができる。次に挙げるのが、ぼくが最もよく使うホログラムだ。

1　エネルギーのホログラム

ぼくが最初に使えるようになったホログラムが、これだ。最も基本的なレベルのもので、単純な病気の多くは、これを使うのが一番効果的だ。ぼくには、全身のエネルギーの様子が見える。体のエネルギーシステムのグリッド（格子）からエネルギーの流れもわかるし、閉塞の場所も、それが新しいものでも古いものでも同じようにわかる。治療しないと何か問題が起こるかどうかも、これが示してくれる。エネルギーの変化がその人の体にグリッドの形で案内図を与え、それがヒーリングへの道筋の手本となる。

エネルギーのレベルで何かを除去すると、身体的なレベルでもすぐにそれは姿を消す。

ぼくが治療したある女性は、不正出血があって、ぼくのところに来る前に婦人科を受診し

エネルギーのホログラム

ぼくは、量子情報の場にある誰にでも使える情報を使って、ヒーリングに必要な情報を受信する。これは最も基本的なレベルのもので、単純な病気の多くは、これを使うのが一番効果的である。体のエネルギーシステムのグリッド（格子）からエネルギーの流れもわかるし、閉塞の場所も、それが新しいものでも古いものでも同じようにわかる。エネルギーの変化がその人の体にグリッドの形で案内図を与え、ヒーリングへの道筋の手本となる。

てきていた。医師の指示で子宮の超音波検査が行われ、線維素凝塊《せんいそぎようかい》（線維ポリープ）が見つかった。そのため、それを取り除く手術が行われることになったという。

ぼくは、ホログラムに入っていき、出血している部分を難なく見つけた。問題を起こしていたのは、とても小さな塊だった。ぼくがエネルギー的にそれを除去すると、その人の体も変化に対して調整をし始めた。ホログラムの中では、その人の体が自分自身を癒し続けているように見えた。6週間後、手術が行われたが、婦人科医は繊維素がなくなっていることに驚いた。医師はその女性に、まったく理解できないけれどもこれはこれで「一件落着」で、もし再発したとしてもこれとの関係はないと告げた。

2　脳信号のホログラム

ぼくには、ニューロンに沿って流れる電気刺激が見え、直観的にその機能を知ることもできる。このホログラムの中では、ダメージを受けた結合部分を見ることもできる。このホログラムは、ある種の脳機能に特化したものだ。脳の中のスイッチはどれも電気刺激の通行を許可したり拒絶したりしている。こうした電気の経路の流れや閉塞は、脳の特別なホログラムとなって見える。これは頭痛や偏頭痛、神経障害に対し、非常に有効なツールとなる。再発性のある問題で、正しい状態に戻すために、脳をリセットする必要がある場合にも使う。

ぼくの知っているある女性は、何年も前に多発性硬化症（ＭＳ）と誤診された。最新の診断テストが受けられるようになる前のことだ。最近になって、その人はＭＲＩ検査を受け、ＭＳではないことがわかった。代わりに、小脳の機能が停止しているだけだと告げられた。その人は動作が非常に困難で、歩行器を使っていた。それもこれも、ＭＳと誤診されたせいである。神経科医は症状の原因を特定することはできなかったかもしれないが、見た目にもそれは進行性のものではなかったのに。

最初にホログラムに入ってみたとき、脳のニューロンが機能していない場所はすぐに見つけられた。ぼくは、その人の脳信号のホログラムを使って、この部分に向かうエネルギーの流れを起こした。２、３回のセッションの後、エネルギー的な変化と、新しい経路の発達が確認できた。でも、その人は特に何も感じないと言った。ただぼくの努力には感謝してくれた。

そのセッションから数か月たって、その人から連絡があった。少しずつだが、はっきりと運動性や症状が改善されていくのに気づいたのだそうだ。身体的な改善が、ぼくの見たエネルギー的な進歩から遅れて表れたのだ。ほとんどの病気では、反応までに時間がかかる。

リアルタイムで脳信号のホログラムを見るのは、3Dの高速道路のど真ん中にいる感じだ。いたるところで電気刺激が経路に沿って飛んでいく。本当に飛んでいくという感じだ。ものすごいスピードで通り抜けていく。このホログラムを落ち着いて見られるようになるまでには、少し訓練がいる。

3　リアルタイムの身体ホログラム

リアルタイムの身体ホログラムには、骨格、神経、血液、リンパ液、臓器系が含まれる。ぼくは、必要があれば、このどれでも細胞レベルで見て、それらの持つヒーリングの潜在能力を最大にまで高めることができる。ぼくは、このホログラムを使って、体のさまざまなシステムが動いているのを見るのが好きだ。次にどんな行動をとるかは、これを出発点に決定する。

治療する相手が線維筋痛や関節リウマチと診断されている場合は、このホログラムがとても役に立つ。身体的な問題はこのホログラムを使うことで、たいていはより直接的に、効果的に調整することができる。

4 スマート・エナジー・パケット

このパックマンのようなユニットを意図的に身体情報の中に送りこみ、望ましくない閉塞を減少させたり、よいエネルギーと置き換えさせたりする。初め、ぼくはこれを「エナジー・カッター・バグ」と呼んでいたが、たくさんの人がこの名前に反発を示した。みんな、自分のシステムの中に「バグ（虫）」がいるところを想像したくはないのだと思う。それで今はそれを「スマート・エナジー・パケット（SEP）」と呼ぶことにした。実際そのほうが正確だ。

SEPは、ぼくにとってはすばらしく役に立つヒーリングツールだ。たとえば、ぼくの治療が終わった後も長期間、SEPはヒーリングを続けてくれる。ぼくはこのツールを、継続的に行う必要のあるエネルギーレベルでの除去作業に使っている。感染症やガン、その他問題が再発しそうな病気に対してだ。

これは、「発見して破壊する」という道具よりもいいものだ。これは、かついでいる袋から通り道にヒーリングのプラスエネルギーを配って回る。おまけに繁殖《はんしょく》して、お互いに連絡をとり合う。この能力は役に立つ。「システムに衝撃を与えろ」、「システム再始動」などの信号を互いに交換し合えるのだ。

5　パターン・エネルギー・グリッド

エネルギーのグリッドパターンからは、原因が頑固に残っているために発症しそうな機能障害や病気があるかどうかがわかる。3次元の等高線地図を見るとき、グラフに不完全なところがあればすぐにわかるだろう。ぼくがパターン・エネルギー・グリッドの中で機能障害や病気を見つけるやり方は、それに似ている。健康なシステムには調和と流れがある。このホログラムを見ると、機能障害を起こしている部分の周りには、乱れが簡単に見つかる。古傷が頑固に残っているところも、このホログラムではよく目立って見える。新しい傷はそんなに目立たない。ここで見ているのは、外側のオーラではない。体の中の深いところのエネルギーパターンを見ているのだ。

6　熱（高周波エネルギー）

ガンの治療にはこのホログラムが必要なことがわかった。治療前のガン細胞は緑色に見える。赤い熱をエネルギー的に加えると、それはだんだん白くなっていき、やがて塵《ちり》のように崩れる。死んだ物質を除去するために、ぼくはその死んだかけらをエネルギー的に吸い上げる。

エネルギー的な熱（高周波エネルギー）は、ガンに有効だ。ガン細胞を徹底的に破壊する。エネルギーのレベルで爆発させ、殺してしまう。エネルギーのレベルで死んだものは、間もなく身体レベルでも死んでしまう。

7 遺伝子

これは、一番最近治療に使うようになったホログラムだ。このホログラムに含まれる情報にはたくさんの利用法がある。その可能性を完全に理解できるよう、これからも研究を続けていくつもりだ。

遺伝子に起因する病気は複雑で、異常があっても、体はそれを正しい健康な状態として表してしまう。ぼくたちはそれを異常と見るけれども、遺伝子に原因のある病気の場合、体はそれをあるべき正しい姿だと考えてしまう。これはとても複雑なので、今は使わないようにしている。

8　全体のホログラム

ぼくはいつも治療の前後にこのホログラムを使って、その人が新しい健康のパターンをうまく受け入れたかどうかを確認している。エネルギーの閉塞がちゃんと除去されていれば、ぼくにはそれがはっきりとわかる。人によって、また病状によっては、1回の治療で健康な状態になることもある。もっと回数や時間が必要な場合もある。この全体のホログラムを見れば、さらなる治療が必要かどうかがわかる。治療の効果は人によってさまざまなのだ。

可視スペクトル外、心の中でしか見えない色彩がヒーリングに有効！

色彩は、それぞれ異なるエネルギーの周波数を持っている。それで、どんなホログラムを使ったヒーリングにも、それを応用することができる。それぞれの色にどういう意味があるかという説明がいろいろされていることや、それを使って人の気分を操作したり、ヒーリングを行ったりもされていることは、ぼくも知っている。だが、ぼくは単純に、色の周波数とその効果を観察してきた。そして、オーラを見たり、エネルギーフィールドを調

ヒーリングに色彩を取り入れる

色彩は、それぞれ異なるエネルギーの周波数を持っていて、色を使って人の気分を操作したり、ヒーリングも行われている。ぼくは単純に、色の周波数とその効果を観察して、病気のときとそうでないとき、それぞれオーラがどんなふうに見えて、どんな動きをしているか見てきた。そして、どの色をどんなときに使えばいいかがわかった。また、可視スペクトルの外側の心の中でしか見えない色もたくさん使うが、その多くが、ヒーリングには非常に有効である。

べたりしているうちに、それがどんな働きをするかを知ることができたのだ。病気のときとそうでないとき、それぞれオーラがどんなふうに見えて、どんな動きをしているかをぼくは見てきた。それで、どの色をどんなときに使えばいいかがわかったのだ。

ぼくは可視スペクトルの外側の、ぼくにも心の中でしか見えない色をたくさん使う。それらの多くが、ヒーリングには非常に有効だ。こうした色彩は言葉で説明することはできない。ちょうど、緑色しか見えない人に向かって、赤い色の説明をしようとするのと同じことだ。

普通の人でも、自分（あるいは誰かほかの人）の周りや何かの症状がある部分の周りに適当な色を思い浮かべることで何か効果が得られるかということを、よく聞かれる。ぼくは、それは人によると答えている。たいていの人は、熱心に訓練して、集中力を身につければ、色を使って自分自身やほかの人を助けることはできるだろう。誰でもある程度のヒーリング能力は持っている。第9章の「ヒーリング能力を育てる7つのステップ」の項に、この能力を誰でも最大限に引き出せる方法をまとめてある。

ヒーリングの可能性は誰にでもある

普通の人でも、自分やほかの人の何か症状がある部分に、適当な色を思い浮かべることで何かしらの効果が得られると思う。これは人にもよるが、誰でもある程度はヒーリングの可能性は持っているので、熱心に訓練して、集中力を身につければ、たいていの人は色を使って自分自身やほかの人を助けることはできる。

正常な細胞にダメージを与えることなく、問題の部位に高エネルギーを当てる！

この宇宙に存在するものはすべて、最も基本的なところまで分解していくと、最後に残るのはエネルギーだ。光もエネルギーで、そのうち380THz〜770THz（テラヘルツ=10の12乗ヘルツ）の周波数帯の範囲をぼくたちは目で見ることができる。もしぼくたちが、紫外線やX線、ガンマ線、宇宙線といった、もっと高周波の電磁波を大量に浴びると、この被曝《ひばく》によってやがては死ぬことになる。だから、高周波の電磁波を浴びせることでガン細胞が死ぬと言っても、驚くにはあたらない。このことはガン細胞を殺す医療技術としても証明されているし、多く応用されている。ただそれは、ガン細胞の周りにある正常な細胞も殺してしまうことがあり、重い副作用を起こすことが問題となっている。

ぼくが病気の治療に使う方法の1つに、正常な細胞にダメージを与えることなく、病変のある部位に直接高エネルギーを当てるやり方がある。副作用と言えば、新しい、慣れていない健康な状態に合わせて体を調節しなければならないことだけだ。ぼくが当てたエネルギーは、患者の体内では色となって見える。この過程で、ぼくは通常の色彩のスペクトルの外側にある色、つまりもっと高周波の色にもアクセスできるが、その色はヒーリングにとても効果的なのだ。

レーザービームのように集中させると、光の中の特定の色の濃度は濃くなる。そうすると、小さな場所のヒーリングへの効果が上がる。色と濃度の組み合わせは非常にたくさんあって、今までに発見したさまざまな結果のすべてを簡単にまとめるというのはとても無理だ。そこで、ぼくが一番よく使う色を何種類か、簡単に説明することにする。

黄色の効用

黄色は、特定の器官の治療や局所的な治療が必要な場合に用いる。患者のエネルギーが不足している場合には、それを増大させる。黄色は、よいエネルギーの増加を促進し、その人のエネルギーシステムを回復させる。

白の効用

白は黄色と同じ状況でエネルギーを与えるのに使われる。患者自身のエネルギーシステムを強化して、免疫《めんえき》系と協力し、悪いエネルギーと戦えるようにする。

紫の効用

紫はスマート・エナジー・パケット（SEP）とほぼ同様に働く。悪いエネルギーに糊《のり》のようにべとべとと張りつく。悪いエネルギーを見つけるまではあたりを漂っていて、見つけたらその中に侵入し、内側からそれを壊滅《かいめつ》させる。

赤の効用

赤は、熱のホログラムでのヒーリングカラーとして使う。ガンのエネルギー的治療に非常に効果がある。赤を糊のように使って、その部分を癒すこともできる。そうすることで、その部分を治療するのにほかの色を使うことができるようにもなる。

青の効用

青は、ポジティブな考え方というかたちで使えて、非常に効果がある。これは、「液体エネルギーの形態をとった積極的思考」である。青は、心と体のあいだにネガティブなつながりがあれば、それを弱めて、ヒーリングしようという意図を受け入れやすいよう体の準備を整える。

色を組み合わせると効果的なこともよくあるし、相乗的な効果が得られる場合もある。たとえば、白と紫を組み合わせるのは効果的だ。しかし、紫というのは、組み合わせて使うのが、一番とは言わないまでも難しい色の1つでもある。紫を使うときには、気持ちをうんと集中しなくてはならない。正しく使うことができなければ、それはそのままただ消えてしまう。

ヒーリングを行うのに、
実際にその人の近くにいる必要はない。
遠く離れていても問題はない。

――アダム

第6章

量子ホログラムによるヒーリングの実例

多くの人と関わりあえることが
ぼくには楽しく、
気づくと、ヒーリングはぼくにとって
自然なものになっていた。

――アダム

奇跡は、自然に反して
起こるものではない。
ただ自然について
我々がこれまでに知り得たことに
反しているというだけである。

――聖アウグスティヌス

量子ホログラムの活用法

ぼくの行っているエネルギーの操作は、内側のエネルギーに対するもので、それがその人の外側のオーラにも反映される。これは、深く、永続性のあるヒーリングだ。

患者の体内を見るために、ぼくはその人の量子ホログラムに入っていく。このときにぼくは自分のエネルギーと相手のエネルギー、周りにあるエネルギーを、病気の原因となっているエネルギーの閉塞を除去したり、傷ついた部分をはっきり目立たせたりすることに注《そそ》ぎこむ。怪我や病気のある部分は、明るい緑色になっていて、はっきりとわかる。古い傷は深緑色に見える。人の体の中を見ると、どこにどんな問題があるかも直感的にわかる。これを言葉で説明するのは難しい。基本的には、ぼくはその人の体の中を移動して観察する。ぼくは、このプロセスを「見る」と言っている。

ヒーリングを始めた頃は、まだ一番基本的なレベルのエネルギーしか見ることはできなかった。今では、同時にいくつものレベルを見ることができる。ぼくは、エネルギーの診断とヒーリングに複数のホログラムを使っている。もう1人別の人のホログラムを並べて投影し、体の機能を比較することもできる。通常に機能している状態がどんなふうなのか、自信がない場合には、これは便利なツールだ。病気や怪我に数種類の方法でアプローチすることができるようになったおかげで、ぼくはより効果的なヒーリングができるようになった。これから経験を積めば、もっとたくさんのレベルに到達できると思う。

ぼくの能力の進歩においてもう1つ重要なのは、細胞のレベルまで下りていって、ガン化する前や異常な状態にあって、将来的に問題を引き起こしそうな細胞を実際に見ることができるようになったという点だ。これは、危険な状態になる前に、エネルギー的に病気を診断できるという点で、非常に重要である。

ヒーリング診断の正確さ

多くの人と関わりあえることがぼくには楽しく、気づくと、ヒーリングはぼくにとって自然なものになっていた。初めのうちは、自分の能力を理解し、伸ばすために、ヒーリングはほかとは隔絶された内密のグループで行うことが重要だった。学校生活やぼくの個人的な友人たちとはまったく縁のないところでないといけなかった。このため、ぼくが会ったのは、両親が、ぼくの世代の子どもたちと交流がないとわかっている人だけに限られていた。そのほとんどは、無信仰か懐疑《かいぎ》論者だったが、みんなすっかり驚いて帰っていった。

ぼくの腕が上がり、噂《うわさ》が口コミで広がり始めると、ヒーリングの会に参加したいという人たちから連絡を受けるようになった。自然療法医のグループから、ぼくの能力に興味を持っている患者がいると相談を受けて、ヒーリングを行ったこともある。ある年配の女性患者は、脚に激しい痛みがあった。ぼくはすぐに、その原因となっている腰の部分を示したが、それは痛みのある場所とはだいぶ離れていた。ぼくが示した場所は2つの筋群が出合うところで、医師がその部分に触れると、患者の脚が跳ね上がって、危《あや》うくその医師を蹴《け》っとばすところだった。

「そこだわ！　問題があるのはそこよ！」女性患者は、そう大声で言った。

この成り行きをその場で見たことは、ぼくにとって大きな経験となった。患者たちに関する予備知識は事前には一切もらっていなかったが、ぼくの診断はすべて当たっていた。

一番難しかったケース、それは自分自身の頸椎骨折を自分で治したこと！

去年両親は、ヒーリングとEメールのいっさいがっさいからしばし離れて息抜きをしようと、家族でメキシコ旅行に出かけることに決めた。ぼくも「頭休め」の必要を感じたし、休みをとれば充電できるだろうと思った。それに、クリスマスを外国で過ごすのは楽しいだろうと、みんな考えていた。

休暇の始まりは最高だった。ぼくたちが滞在したリゾートは「オールインクルーシブ」［訳注：飲食費、施設利用料などの費用の全額をあらかじめ滞在費に含んだ料金形態］のパック旅行の一部だったので、ぼくと妹は一日中ドリンクを飲み放題だった。父は、バーテンにぼくたちの年齢をしっかり伝えておいた。着いて早々に、父はぼくと妹をバーテンのところに連れていったのだ。父はぼくたちを自分の息子と娘だと紹介し、「アルコールは飲みません」と伝えた。だが、ノンアルコールのストロベリー・ダイキリなら何杯でも注文することができた。

到着して2日目のこと、父と妹とぼくはプールで遊んでいた。父は自分の頭越しに妹を空中に放り投げた。ちょうどそのとき、泳いでいたぼくは父の後ろに顔を出した。

最悪のタイミングだった。

妹はぼくの頭の上に落下し、ぼくは頸椎《けいつい》の1つを骨折してしまった。ぼくは全身がしびれていくのを感じた。体が冷たくなっていく感じだった。ぼくは、やっとのことで脚の感覚がなくなる前に水から上がった。

両親はすぐさま救急車を呼んだ。首の痛みはそれまでに経験したことのないようなものだった。ぼくは気絶しそうになったが、この首を治せるのは自分だけだということはわかっていた。重傷なのもわかった。自分で入っていって見ることができたのだから。

自分を癒すというのはとても難しいことだった。なにしろぼくは耐えがたい痛みの中にあったのだから。自分の体の傷を見ようとするときは、いつでもぼんやりとした感じにしか見えない。懸命にやって、全力を使わなくてはならない。ぼくは骨折と腫《は》れの治療に30分を費《つい》やした。その間に、ぼくはなんとか骨折を治し、腫れを引かせることができたのを確認した。腫れは一刻も早く治療することが大事だ。そうしないと、それが新たな問題を生んでしまう。救急車が到着する頃にはぼくはもう歩けるようになっていたが、救急隊員は首に固定具をつけて病院に行くよう言い張った。

病院に到着すると、ただちにレントゲン写真を撮られた。神経科医が小さなハンマーを持ってやってきた。神経科医は反射のテストをしたが、ぼくは見事合格した。レントゲン写真を見た医師たちは、ぼくの第2頸椎に先天性の欠損があると言った。そのほかはすべて正常だった。

それが先天性の欠損なんかじゃないことはわかっていた。そこはさっきダメージを受けて、それから治ったところだ。両親がレントゲン写真をもらって帰ったので、ぼくたちはそれを数年前にテニスで肩を痛めたときに撮ったものと比べてみることができた。ぼくの言ったとおり、以前のレントゲン写真には「先天性の欠損」などどこにも見当たらなかった。

ぼくは意志の力とヒーリング能力の大きな試験にパスしたような気分になった。必要に迫られれば人間はここまでできるのかと、ぼくは自分でも驚いていた。このときほど難しいヒーリングはほかになかった。

慢性疾患で訪れてくる人々のヒーリング

何百万という人が慢性疾患という現実を抱えて生活している。その中には大人もいれば、子どももいる。人々は絶え間なく続く痛みをやむをえず我慢し、それがいつもの健康状態ということになっている。多くの人は、痛みのないときがあったことも忘れてしまっている。そういう人たちを癒すには、まずそれを思い出してもらわなくてはならない。心の中できちんと対比して、それに従った目標を持ってもらわなくてはならないのだ。

慢性疾患でぼくのところを訪れる人はとても多い。もう何年ものあいだ苦しんでいるので（だから「慢性」と分類されている）、多くの人は、それを治すのも簡単ではないだろうと思っている。そういうときもある。だが、そうとばかりはかぎらない。

従来の医療では、多くの病気に治療法はないとされている。症状をコントロールしながら生活していくしかない。悲しいことに、そのために、もうよくなることはないと望みを失ってしまう人もいる。しかし、ぼくはこうした人をたくさん治療してきたし、ときには2、3回の治療で痛みが消えることもある。1回の治療で驚くほどの効果が得られることも多い。この効果は長続きし、多くの例で慢性疾患が消失している。

首の激痛に4年も耐えてきた人のケース

4年間も首に激痛を抱えている人が来たことがあった。ぼくは簡単に問題を見つけて、治療はものの5分ほどですんだ。とたんに楽になったそうだ。4年間で初めて首に痛みもこわばりもなくなって、その人は驚いていた。たぶん、ものすごく調子がよくなったから、スキーに出かけようという気にもなったんだろう。だが不幸にも、その人は再び首を痛めてしまい、再度治療が必要になった。2回目の治療もうまくいったが、今回は、筋肉や靭《じん》帯《たい》が新しい健康な状態に慣れるには少し時間がかかるということを理解してくれるよう念

ヒーリングは慢性疾患にも効果絶大

何百万という人が慢性疾患という現実を抱えて生活している。そうした人たちは絶え間なく続く痛みをやむをえず我慢し、それがいつもの健康状態となっている。

従来の医療では、多くの慢性の病気に治療法はないとされていて、症状をコントロールしながら生活していくしかなかった。悲しいことに、そのために、もうよくなることはないと望みを失ってしまう人もいる。しかし、ぼくはこうした人をたくさん治療してきたし、多くの例で慢性疾患が消失している。

を押した。したがって、しばらくは肉体的な緊張（たとえばスキーのような）を避けるようにとも頼んだ。

健康の回復も1つのプロセスだ。プロセスだから、変化は順々に起こる。心が先に変化しなければ、ヒーリングは行えない。心と体はつながっているが、心のほうが肉体より先に変化する。ぼくが治療した人たちでも、体は後から徐々に追いついてきた。何年も慢性疾患に苦しんでいた人は、最初にがんばりすぎてしまう。痛みから解放されたのがとても気分よく、とてもうれしいのだ。つい夢中になって、長いことできなかったようなことをやろうとする。だが、まだ体のほうはヒーリングのプロセスを終える時間を与えられていないのだ。そのプロセスをきちんと終えられるだけの時間を体に与えてやることが、とても重要だ。

腰に激痛のある人のケース

何年も腰に激痛があるという若い人もいた。入っていくと、第3〜第5腰椎の椎間板が損傷しているのが見えた。その人は、この部分が問題だと診断されるのはわかっていたようだが、それをどうにかすることができるとは思っていなかったらしい。ぼくが治療すると、腰の痛みは見違えるほど改善された。その人は、維持療法のためにときどき訪れる。何年越しもの苦しみを抱えた人を助けることができるというのは、本当にやりがいのあることだ。

線維筋痛症の女性のケース

出会えてよかったなと思う女性がいる。その人は結婚を控えていたのだが、その大事な日に痛みで靴を履くことができなくなってしまったのだ。治療の後、その人は次のような推薦文を書いてくれた。

「わたしは12歳のときに線維筋痛症と診断されました。その発症から、人生のすべてが変わってしまったのです。12歳の女の子なら普通何でもないような楽しいことをわたしの体ではすることができませんでした。わたしはフィギュアスケートの大会に何回も出たこともあったし、スキーにも夢中だったし、乗馬もマウンテンバイクも大好きでした。そういったことがわたしの体には無理なのだとわかったときは、落ちこみました。脚や腕が痛くて泣いてしまうことも何度もあり、眠れない夜がだんだん多くなりました。10代の終わりには運よく数年間寛解《かんかい》（病気の症状が、一時的あるいは継続的に軽減した状態）が続きましたが、自動車事故の後、また線維筋痛症で体が不自由になり、何年も仕事に就《つ》くことができなくなりました。

25歳のとき仕事に復帰して、それからの数年はなんとか痛みとつきあいながらやってきましたが、ときどきは調子のいいときもありました。そんなとき、アダムのことを教えてもらったのです。彼には人を癒す特別な能力があるんだよと。『どうやって?』『体の中が見えるんだ』だめでもともとと思ったわたしは、ある水曜日、仕事帰りにアダムを訪ねたのです。

アダムはわたしを見て、3回の治療でわたしを助けることができる、わたしさえよければ治療を始めると言いました。わたしはゾクゾクするような興奮が体を駆けめぐるのをなんとかなだめ、気持ちを落ち着けようとしました。そのあいだ、アダムはその部屋にいるほかの誰にも見えないものをじっと見ているようでした。そのときの感じは、とても説明できません。腕や脚にガチョウがぶつかってくるような感じがするかと思うと、胸の中で竜巻が起こっているような気がしました。ちっとも痛くはありませんでしたが、何よりずっと不思議な感じでした。

その部屋にいた人たちによると、わたしは真っ青になったそうです。治療の後、目まい

アダムのヒーリング・メッセージ㉒

回復のプロセスはまず心の変化、その後体へと移る

健康の回復も１つのプロセスだから、変化は順々に起こる。心が先に変化しなければ、ヒーリングは行えない。心と体はつながっているけれど、心のほうが肉体より先に変化して、体は後から徐々に変化して追いついてくる。

何年も慢性疾患に苦しんできた人は最初にがんばりすぎてしまう傾向がある。まだ体のほうはヒーリングのプロセスを終える時間を与えられていないのに、痛みから解放された気分よさから、長いことできなかったようなことをやろうとしてしまう。いきなり無理をせず体に回復のプロセスを終えられる時間を与えることも重要である。

と震えを感じ、何時間かものを言うこともできませんでした。それは、たった今自分の中で起こったことについて考えているためだという気もしましたが、調子が悪いせいだとも思いました。肌がなんだかむずむずしました。過去にわたしは筋弛緩剤《きんしかんざい》を投与されたことがありましたが、それが切れてくるときも肌にちょうどそんな感じがあります。痛くはありませんが、うっとうしいものです。

その夜は、翌朝目覚ましが鳴るまでぐっすり眠れました。普段は、寝返りを打っては一晩に何度も目を覚ますのに、その日は1度も目が覚めませんでした。目覚めたときは、リフレッシュしてすっかり充電された感じでした。そんな感じが数日間続きました。

2回目の治療は日曜の朝、遠隔治療でしてもらいました。わたしは体を毛布で包んで、座り心地のいい椅子《いす》に、両足を床に下ろして座りました。ガチョウがぶつかったり竜巻が起こるのを感じました。わたしはそのまま眠ってしまい、その後、気分がよくなっていました。数日後に3回目の治療を受け、そのときも同じ感覚を体験しました。

最後になる4回目の治療でも、治療中の感覚は同じで、治療後は調子が悪くなりました。とても疲れて、皮膚は極度に敏感になっていました。すっかりくたびれて、9時頃（わたしにしては早い時間です）にはベッドに入り、翌朝は目覚ましが鳴っても気づかずに寝ていました。

その日のわたしは元気いっぱいで、はつらつとしていました。少しずつですが、わたしはいくつもの大きな夢に向かって、また進み始めたのです。

調子はよくなりました。よく眠れるようにもなって、前ならくたくたになってしまったような日々の活動でも、ずっと楽にこなしていくことができるようになりました。前のような痛みがさっと走ったりすることもありますが、いつもいつも痛かったときとは比べものになりません。

アダムは優しく温かい心の持ち主です。会えばすぐにわかります。アダムは大きなことをやりとげるでしょう。彼に助けてもらえたことをわたしは幸せに思います」

慢性疾患の若者のケース

シカゴから来た慢性疾患の若者は、何年も前にひどい交通事故に巻きこまれていた。従来の薬はほとんど効かなかったのだが、数回の治療の後、彼はこんなメッセージをくれた。

「最初の治療で集中力がはっきりと改善され、大変驚きました。ぼくがこれまでに世界中で会ったヒーラーみんなと比べても、君は一番能力のあるヒーラーの1人だと思います。

すべて調子よく、この変化はこのままずっと続きそうです。改善されたのは以下の点でした。

・全体として、調子がとてもよくなった（症状が落ち着いた）。
・治療を始めてから、頭痛が起こらなくなった。
・腹部の痛みがなくなった。
・消化器官の働きがとてもよくなった」

慢性気管支ぜん息の女性のケース

ハワイから来た40代の女性は、何年も重い慢性気管支ぜん息をわずらっていた。その人から、1回の治療を終えた後、こんな感想をもらった。

「その能力でわたしを救ってくれて、本当にありがとう。治療の前は呼吸がもっとずっと苦しかったです。心まですっきりした気がします。はっきりと、よくなったのがわかります。それが、たった1回の治療でなんて。4時半にソファーに座っていたときには、のどや胸のあたりが温かくなって、手足がヒリヒリするのを感じました。呼吸はだんだん早く、激しくなっていきました。でも、ヒーリングのあいだに、呼吸がゆっくり落ち着いていきました。そして、ゆったりした気持ちになると、眠ってしまいました。目が覚めたのが4時33分です。今でものどや胸のあたりにヒーリングの感じ、温かいものに押さえられている感じが残っています」

神経痛の女性のケース

末梢《まっしょう》神経障害（神経痛）のある50代の女性はこう書いている。

「あなたのしてくださったことに心から感謝しています。神経痛による不快な症状は一切なくなりました。しびれや手足がピリピリする感じ、焼けるような感じもうありません。あなたは、簡単に消え去ってしまう生活の質をわたしに取り戻してくださいました」

胃の慢性疾患の女性のケース

また、別のケースで、慢性的な胃の疾患でぼくを訪れた女性は、食が進まない、ほとんどいつも体がだるいと訴えた。さらに、よく眠れず、ときどきうつ状態になるとのことだった。最初の治療が終わった後にその女性は、こう書いてくれた。

「今朝起きたとき、いつものように胃が痛むことはありませんでした。息を深く吸っても大丈夫で、肝臓の痛みは胃の不快感のようにいつもあったわけではありませんが、今はまったく感じません。また様子をお知らせします。わたしはいつも歌で感謝を表すんですが、あなたがしてくださったことに対しては、それではとても足りません。あなたは、絶望していたわたしに再び安らぎを与えてくださいました。本当にこんな治療は今まで聞いたことがありませんでした。でも、わたしは固く信じています。いくら感謝しても、し足りません」

四肢麻痺障害のケース

これは四肢麻痺《ししまひ》障害の人から1回の治療の後にもらった言葉だ。実は、ぼくはその人には、あなたの背骨は非常に重症なのでこういう状態になれるとは期待しないようにと言ってあったのだ。

「今夜、実際に気がついたことがいくつかありました。上腕の裏側の三頭筋にチクチクする感じがあります。この筋肉は、20年間というもの、動かすこともできなければ感覚さえありませんでした。これにはとても興奮しています。わたしは首や肩の関節にも痛みやこわばりがありました。それも今夜は大きく軽減しています。それから、下半身全体にも、チリチリとごくわずかなうずきを感じています」

脊髄空洞症の女性のケース

ある年、家族と休暇を過ごしていたときに、ぼくたちは1人の女性と出会った。その人は、脊髄空洞症《せきずいくうどう》と診断されていた。つまり、脊髄退化変性症状である。女性は、同じ病気を持つ人たちと小さなグループを作っていた。何回かの治療の後、その人からこんな言葉をもらった。

「最高の1年が信じられないようなスタートを切りました！！！　最高にすばらしい気分です。痛みが全部消えたわけではありませんが、少なくとも75パーセントはなくなりました。あなたにどう感謝したらいいのか、わかりません。今では普通に立ち上がることもベッドで寝返りを打つこともできます。もうずっとずっと長いあいだ、痛みなしにはできなかったことです。ありがとう！」

化学療法を受けているガン患者の体の中は、まるで戦場！

ぼくが一目見て興味を引かれるのは、化学療法を受けた、あるいは受けている人の様子だ。体の中はまるで戦場である。細胞どうしが生き残りをかけて、徹底的に戦っている。なのに、本当の勝利者がいるとは思えないのだ。

ガンや腫瘍の患者の中に入っていくとき、ぼくはこれらの成長するスピードにしばしば驚かされる。もしも全身でガンが進行すれば、それに追いつくことはほとんど不可能だ。それがまだ広がってない場合には、だいぶ楽観的に自分の能力で助けになれるだろうと考える。それが1カ所（1つの臓器であるなど）であれば、どうにかできる自信はかなりある。

腫瘍細胞を破壊する標準的な治療法には、放射線から化学療法まであり、副作用が起こる場合も多い。放射線のエネルギーは、細胞の遺伝情報を書き換えるのに使われる。これは行き当たりばったりなやり方だ。遺伝情報は、細胞にどんなふうに成長し、分裂をするかを伝えている。ガンもそんなふうに広がっていく。だが、放射線は正常な細胞をも攻撃してしまい、それが副作用となって表れる。ガン細胞を抹殺《まっさつ》することと正常な細胞に危害を与えないこととのバランスは微妙だ。放射線を使えば、多くの場合、患者の生命を長く保つことができる。寿命が延びた分の期間には、通常化学療法が必要となり、これがすでにボロボロになった体にさらなる副作用を引き起こすことになる。もちろん、化学療法や

放射線療法の危険性

腫瘍細胞を破壊する標準的な治療法には、放射線から化学療法まであるが、この両方は副作用が起こる場合が多い。放射線のエネルギーは、細胞の遺伝情報を書き換えるのに使われるが、放射線は正常な細胞をも攻撃してしまい、それが副作用となって表れる。ガン細胞を抹殺することと正常な細胞に危害を与えないことのバランスは微妙である。多くの場合、放射線療法で患者の寿命を延ばすことができるが、その分通常化学療法が必要となり、これがすでにボロボロになっている体にさらなる副作用を引き起こすことになるのだ。

放射線治療が功を奏する場合もある。だが、こうした選択をする場合、生活の質ということをよく考えてみなくてはならない。

ぼくは入っていって、ガン細胞の遺伝情報をエネルギーのレベルで書き換えることができる。ガン細胞の特性としてもう1つ重要なのは、それらが互いに連絡し合っているということだ。ガン細胞が連絡をとり合うとき、この遺伝子的な変化も別のガン細胞に伝えられ、ガン細胞は連鎖的に死滅していく。だが、正常な細胞がダメージを受けることはない。それらには変更が加えられてないからだ。再び健康な状態に戻ろうとして体が調節を行うことからくるごく小さな副作用があるだけだ。

この方法は、ガンがまだ悪性のものになって広がっておらず、たとえば1つの腫瘍というような局所的なものにとどまっている場合にしか使えない。ガン細胞に占拠され、外界とのコミュニケーションを断たれた「封鎖された街」を思い浮かべてほしい。唯一のコミュニケーション手段は互いのやりとりだけだ。ぼくが変化を起こすと、このグッドニュースが次々と伝えられて、ガン細胞たちに破滅を引き起こす。

だが、もしガンが広がって、進行肺ガンのようにガンが複数か所にあるようなときには、「街」の外にもガン細胞がいて、ほかの仲間に警告を発し、彼らを全滅させるような変化

ヒーリングによるガン治療

ぼくは、ガン細胞の遺伝情報をエネルギーのレベルで書き換えることができる。ガン細胞はお互いに連絡をとり合っているのが特性なので、書き換えられた遺伝情報の変化が別のガン細胞にも伝えられ、ガン細胞は連鎖的に死滅していく。このとき、正常な細胞がダメージを受けることはなく、再び健康な状態に戻ろうとして体が調節を行うことからくるごく小さな副作用があるだけである。

ただしこの方法は、ガンがまだ広がっておらず、局所的なものにとどまっている場合にしか使えない。

を未然に防いでしまう。こういう場合、ぼくは最後の手段として、かなり強い黄色と紫と白の光のエネルギーの組み合わせを用いる。レーザーのように光を集中させて使うのとは違う。ガンが散らばりすぎていては、効果があまり得られないからだ。

治療のあいだに、ぼくのやっていることや治療のプロセスを患者が感じることもある。治療している場所にチクチクするような感じがあるという人もいる。たくさんのピンポン玉が体の中で飛び跳ねているみたいな気持ちになる人もいる。時折、寝入ってしまう人や、目まいのする人、吐き気のする人もいる。何も感じない人もいる。人それぞれだ。どういうふうに感じるかとか、感じるか感じないかというようなことは、治療の結果には関係しないように思える。あっという間に寝入ってしまう人もいるので、治療を行うときには楽に座っていてもらうことが大事だ。

伝説のロッカー、ロニー・ホーキンスへの遠隔ヒーリングのケース

2002年9月21日、ぼくは伝説のロッカー、ロニー・ホーキンスについて書かれた地方紙の記事に目を留めた。ホーキンスは、手術不可能なすい臓ガンと診断されたと伝えられていた。ぼくはその日までロニー・ホーキンスの名を聞いたことはなかったが、父はホ

ーキンスの歌が好きだと言った。

ロニー・ホーキンスは、1950年代の終わりに生まれ育ったアーカンソー州からカナダに移住して以来、オンタリオ州のトロントに住んでいる。当時は多くの人が、ロニーをカナダにロックンロールを持ちこんだ歌手と考えていた。カナダの外では、ロニーは、バックバンドに大スターたちが何度も加わっていたことで、かなり有名だったようだ。たとえば、1960年代の伝説のバンドで、1970年代にはボブ・ディランのバックも務めた「ザ・バンド」は、もともと「ザ・ホークス」の名前でホーキンスのバックバンドを務めていた。もちろん、ザ・バンド自体も大スターとして脚光を浴びた。だが、ロニーも何十年にもわたり、ロック界で彼を知らない者はいないという存在だった。1969年の終わりにジョン・レノンとオノ・ヨーコが彼らの平和活動の一環でトロントにやってきたときも、ロニーの家に滞在している。

ぼくはそれまですい臓ガンのヒーリングはしたことがなかったが、なんとか力になりたいと思った。2002年8月13日、ロニーは腫瘍摘出のための手術を受けた。しかし、開腹してみると、腫瘍は予想していた3センチよりはるかに大きいことがわかったのだ。腫瘍は動脈を取り囲んでおり、摘出することはできなかった。記事には、化学療法も行えないと書いてあった。末期ガンだし、ぼくは、彼がぼくのヒーリングの力に興味を持つかもしれないと思った。

ぼくは、ロニーの息子の妻で、ロニーのマネージャーをしているメアリーと連絡をとった。メアリーはとても心の広い人だったし、どっちにしても損はないと考えてくれた。メアリーと話していて、ロニーは伝説のロッカーであると同時に、妻にも3人の子どもにも孫にも愛情深い人物であることがわかった。たくさんの親戚たちも彼を心配し、心を痛めていた。

ぼくのもう1つの特殊な能力に直観がある。ロニーの写真を見たとき、第一印象は誠実な人だということだった。メアリーに言うと、彼女はそれを聞いてドキッとしたと言った。メアリーは、ロニーはとても誠実な人だし、たぶんぼくと出会う人の中でも最高におもしろい部類の人だと言った。ロニーは喜んでぼくのヒーリングを受けてくれた。医者からは基本的に見放されていたからだ。遠隔ヒーリングというのはロニーや彼の家族にとって初めて聞く考えに違いなかっただろうが、みんな熱心に、やってみようと言ってくれた。

「これがうまくいったらサイン入りのホークTシャツを送ってやるとアダムに言ってくれ」と、ロニーは得意のユーモアを交えて言った。「世界でも最高の医者が5人も、もうだめだと言ったんだ。もっても3カ月から半年、それで死ぬと」

彼の悲惨な病状を聞いて、音楽業界ではロニーを非常に心配していた。ロニーはそのキャリアの中で実に多くの人たちと関わりを持ってきたのだ。

9月、カナダの有名なプロデューサー兼作曲家で、ロニーのバックバンドのメンバーだったこともあるデヴィッド・フォスターは、トロントで、ロニーを主賓《しゅひん》とし、大物有名人を招待したごく内輪のパーティーを主催した。出席者には、ビル・クリントン前大統領、喜劇女優のウーピー・ゴールドバーグ、作曲家で歌手のポール・アンカ、アーカンソー州から来たロニーの友人の大物実業家ドン・タイソン、カナダの実業家ピーター・ポクリントンらがいた。ポール・アンカは新バージョンの「マイ・ウェイ」を書いて、ロニーに捧げた。ビル・クリントン前大統領、デヴィッド・フォスター、ポール・アンカがその歌でそれぞれ自分のパートを歌ったのが、この夜の目玉だった。ロニーも、彼の脇にいた妻のワンダも、ほかの客たちも、パーティーの間中涙を流して笑っていた。

それから2、3週間後、トロント市は10月4日を「ロニー・ホーキンスの日」とすると宣言した。その日は、ロニーがカナダの「ウォーク・オブ・フェイム（名声の歩道）」入りするところから始まった。多くの人が、この式典はもうとっくに行われているべきだったと感じていた。普通ならこの認定は毎年5月に行われる。だが、ロニーの健康を考えると急がなければならないということで、2002年10月に行われることになったのだ。その夜、ロニーの受賞記念コンサートがマッセイ・ホールで開かれ、ロニー自身もステージに上がり、ザ・ホークスをバックに「ヘイ・ボ・ディドリー」を歌った。4時間にわたるこのスターの饗宴《きょうえん》のハイライトには、クリス・クリストファーソンとザ・トラジカリー・ヒップが登場した。

「ロックンロールの神様がいるとしたら、彼にそっくりだろう」と、クリス・クリストファーソンは賛辞を贈った。

2002年の10月に、彼の健康状態への関心から、ロニーはたくさんの取材を受けた。一説によれば、その1カ月で少なくとも17回、新聞の1面にロニーの記事が載ったという。初めてロニーのホログラムに入っていったときに見たのは、テニスボールよりも大きな腫瘍（約10センチ）だった。その後数週間、ぼくはロニーの腫瘍をエネルギー的に治療し、彼の体がガンと闘い、腫瘍を縮小させていくのを助けた。ぼくが治療を始めたときから、ロニーはお腹のあたりが震えるように感じると言っていた。黄疸《おうだん》はよくなり、見たところの全体の健康状態も改善された。本人の感覚でも、見た目にも、とても死にかけている人間のようではなくなった。彼の元気そうな様子が初めて伝えられたのが2002年の9月23日で、これには誰もが、とりわけロニー自身が大いに励まされた。ロニーはぼくに「キープ・オン・ロッキン（ロックし続けろ）」と言った。

ぼくはロニーの治療を毎日懸命に続けた。それほどぼくたちはみんなそれに賭《か》けていたのだ。2002年9月27日、ぼくはロニーと父のすい臓の機能を比べてみた。目の前に2人の量子ホログラムを投影して見比べたのだ。それでわかったのは、ロニーのすい臓は閉塞しているのに、父のほうでは、常にポタポタと流れ出るものがあるということだった。ぼくはエネルギーを操作して、ロニーのすい液が流れるようにした。そのとたん、おそらく今までたまっていたのだろう、すい液がどっと流れ出していくのがエネルギー的に見えた。そのことを心配して、両親は眠れぬ夜を過ごしたが、ロニーの体はそれを調節する方法をちゃんと知っているから大丈夫だとぼくは請合《うけあ》った。後で知ったのだが、すい臓はインシュリンとたくさんの酵素を分泌している。それが、腫瘍によって阻《はば》まれていたのだ。

ロニーは見た目も実際の調子も非常に良好な状態を保っていた。血糖値も改善された。歩くのも楽になり、視力も回復した。ロニーは、よくなりたいと欲していた。人生に非常に愛着を感じていた。それが彼の何よりの力となっていた。

11月が来るまでには、葬式の準備をする代わりに、CDリリースやテレビの新番組出演を考えるようになっていた。調子はどんどんよくなっていたが、腹部のくすぐったいような感じは残っていた。ガンはなくなり、腫瘍組織は残っているものの、もうその成長は止まっており、後はロニー自身のシステムによって除去できるくらいになっていた。ただ、それには時間がかかり、それで震えるような感じが続いているのだ。2002年11月14日、CTスキャンが行われ、腫瘍の大きさは約4・5センチと判明した。最初にエネルギー的なレベルで見たときには10センチの塊だったことを考えれば、腫瘍は半分の大きさに縮んだということになる。しかし、医師たちはまだロニーはガンで、もうすぐ死ぬのだと信じこんでいた。

ガンがなくなった!!

2002年11月27日にはガンの検査のための生検が行われた。医師たちは、ガンがあればそれを発見するのに十分な大きさの組織を採取したと言った。だが、生検の結果は陰性。つまり、ガンはなかったのである。

ぼくは治療のすべてを3000マイル（約5000キロ）離れた場所から行った。ロニーのエネルギーシステムに取り組み始めたのが、２００２年９月21日。手の施《ほどこ》しようがないと言って、外科医が開腹したところをそのまま閉じてから１カ月半後のことだ。２００２年のクリスマスは迎えられないだろうというのが、医師たちの予測だった。ぼくはロニーのエネルギーシステムへのヒーリングを初めの２、３週間は毎日、その後もきちんと定期的に行っていた。エネルギーのレベルで見るかぎり、彼の体はなんとかガンを死滅させることに成功し、腫瘍も急速に縮んでいっているところだった。

「ロニーは元気だよ！」と、彼と親しい人から聞いた。ロニーとはまだ会ったことはないが、いつかそんな機会があればと願っている。

２００３年１月、ぼくはロニーがタバコをやめたと聞いて喜んだ。意志の固い人だから、きっと禁煙は続けられると思う。ロニーは、息子のロビンと階段を駆け上がったり下りたりしても勝てそうなくらいだと言い、以前入っていたホッケーのチームにまた戻りたいとも言った。健康のレベルを上げるための減量にも成功し、死ぬことよりも生きることをずっと考えるようになった。この心理的な変化は、きっと彼を健康という夢にたどりつかせるに違いない。

２月27日に行われたＣＴスキャンの結果、腫瘍は影も形もなくなっていることがわかった。今、ロニーはバンド仲間とステージに立ち、一晩中歌っている。驚くべき変化だ。ほんの数か月前には死にかけていた人間なのだから。２００３年4月11日にはＭＲＩ検査が行われ、ガンはまったく見つからなかったことが確認された。

もういつホークTシャツが届いてもいい頃だろうと、ぼくは楽しみにしている。

ビッグ・ロッカー(神)は、いつでも見ていてくれる!

ロニーからはこんな推薦文が寄せられている。誠実で心がこもっていて、これをみなさんにもご覧いただく機会が得られたことを光栄に思う。

「医師の宣告を聞いた俺は、すべてを神《ビッグ・ロッカー》の手に委《ゆだ》ねることにした。だが、どうやら俺の番ではなかったようだ。アダムが何度も言ってくれていたとおりだ。神《ビッグ・ロッカー》のすることは不思議だと、俺は心から思うようになった。俺のために祈ってくれたすべてのすばらしき人々の声に耳を傾けてくれたんだから。アダムは俺に連絡をくれて、俺にまた自分自身を信じられるようにさせてくれた。治療を始めてすぐに、アダムは、ガンはなくなったと言った。アダムが何をやったのか、俺のために何をやってくれたのか、俺にはさっぱりわからない。だが、俺は自分のわからないことを批判したりはしない。アダムがこの星のすべての人を助けることができるとは、俺は思っていない。だが、この世には目に見えないものや自分には理解できないものがたくさんあるということを、みんなにもわかってほしいと思う。自分を信じ、神《ビッグ・ロッカー》はいつでも俺たちを見ていてくださると思うことが大事なんだ。アダムを俺のところに遣《つか》わしてくれて、よかった。アダムのしてくれたことのすべてに心から感謝している」

ロニー・ホーキンス（2003年4月9日）

プレスリリース（2003年4月23日）

ホークに離陸許可！

医師によれば、先日の検査の結果、ロニー・ホーキンスにガンの形跡はまったくないことが確認された。カナダの伝説的ロッカー、ホーキンスがすい臓ガンと診断されたのは、2002年夏のことだ。だが、2003年4月に行われたCTスキャンとMRI検査では病気は認められず、今後そこから問題が生じることもないと予想されている。

医師からの電話でこのうれしい知らせを受け取ったホークは、「最高に幸せだ」と語った。「2、3カ月前まで、お嬢さん方には何の心配事もなくなったと思っていたが、みんな逃げる用意をしたほうがいいぞ！　さあ、俺は戻ってきた。ロックするぜ！」

ロニーと彼の家族は、非常につらかった時期に祈り、支えてくれた世界中のすべてのファンに感謝したいという。この1年間、マッセイ・ホールやハミルトンでの大がかりなショーをはじめとし、各地にミュージシャンが集《つど》い、ロニーを称えてきた。ロニー・ホーキンスはロックンロールの世界では大きな影響力を持つ人物の1人であり、ザ・バンドら目覚ましい活躍をとげた何百人もの世界的ミュージシャンを支えてきたことでも高い評価を得ている。

ロニーが大いに感謝しているのは、彼に連絡をとってきたアダムという16歳のヒーラーで、2人はガンが消滅するまでともに治療に努めた。『ドリームヒーラー』という本に、過去7カ月にロニーが受けて成功した治療法について説明されている。

ロニーの事務所によれば、ホークはこの春も精力的に活動しており、夏にはショーのスケジュールがびっしりつまっているとのことである。

「神《ビッグ・ロッカー》は俺を助けてくれた。それに感謝するためにステージに戻りたいんだ！」と、今日のインタビューでロニーは語った。

（ロニー・ホーキンス公式ウェブサイト www.ronniehawkins.com より）

この世には目に見えないものや
自分には理解できないものが
たくさんあるということを、
みんなにもわかってほしいと思う。

——ロニー・ホーキンス

第7章

ヒーリングを通して、
多くの人々と出会い、学び続ける！
それはとても素敵なこと!!

体には、いつでも心の中が
反映されるのだ。

――アダム

病気はエネルギーの閉塞の結果である！

人々を癒すことで、ぼくは何を学んでいるだろうか？　ぼくが学ぶことは多い。その1つとしてぼくが知ったことは、病気の始まりは、エネルギーフィールドでは体の中のエネルギーの流れの閉塞となって表れるということである。前にも述べたように、ぼくのような人間は、本人が何の症状も感じないうちからそれを見ることができる。「Disease（病気）」という言葉は、反対という意味を表す「Dis-」と健康的で調和したエネルギーの流れである「Ease」とから成り立っている。「Dis-Ease」はエネルギーの閉塞の結果であり、そのパターンはさまざまだ。

たいていの病気や障害は、ぼくの見ているホログラムの中では、同じようなかたちで表れたり、それ独特のサインを持っていたりする。同じ症状の人を何人も治療しているうちに、その特徴がぼくにははっきりとわかるようになった。だが、人は1人1人違った人間であり、それぞれの健康への旅は1人1人違ったプロセスとなる。人を癒すことは、ただ病気を取り除くことよりも重要だ。どの治療法でも人はさまざまな反応を見せる。それは、従来の薬剤を使う場合もエネルギーヒーリングの場合も同じである。

ライフスタイルの変更ができる人かどうかも大切

病気の原因が、不適切なダイエット、運動不足、喫煙、飲酒、薬物（違法なドラッグでも、医者から処方された薬剤でも）の過剰摂取《かじょうせっしゅ》など、貧しいライフスタイルにあることもある。その人が健康に反するようなライフスタイルを続けるつもりかどうか、厳しく見きわめることも必要となった。たとえば、喫煙に関係する病気を持った人が喫煙を続ける場合、治療は病気を治すことでは終わらない。問題の根本的な原因がまだ残っているからだ。

治療している相手の体内に異常な細胞が成長していれば、ぼくにはそれもわかる。その人がタバコを吸い続けていれば、ヒーリングエネルギーを送ってもどうにもならない。ガンが再生するスピードのほうが、ガンを殺していくスピードより速いのだ。ぼくはその人にタバコはやめなくてはならないと伝える。だが、相手がやっと従ってくれるのは、それができないならもう治療はしないとぼくが言ったときだ。ライフスタイルの変更が、その人を癒すためにどうしても必要になってくることも多い。

アダムのヒーリング・メッセージ㉕

健康の妨げとなる心理的要因を排除する

病気の背景に心理的、あるいは情緒的な問題を抱えていて、それが体に影響を与えている場合がある。消極性や罪悪感、恐怖心は、その人自身の健康の妨げとなる。健康な状態を保っていきたいと思うのなら、それらを取り除くためにカウンセリングを受けることや、場合によってはライフスタイルを変えることも考えてみるべきだと思う。ヒーリングの前にまずそちらから取り組まなくてはならない場合もある。

薬剤とエネルギーの閉塞

薬物治療を受けている人の体内はぼくにもはっきりと見ることが非常に難しい。ぼくの治療をその人が薬を飲む直前の時間に持ってこられるときもある。そんなときはたいてい、治療を行うのに十分なだけはっきりと見ることができる。もちろん、薬の服用のし方を変える場合にはどんなときでも医師に相談しなくてはならない。

40歳のある女性は交通事故に遭って、その後の回復が思わしくなく、結果として鎮痛剤と抗炎症薬を服用していた。治療しようとしてわかったのだが、薬剤がエネルギーの閉塞している箇所をゼリーのようにしてしまい、動かすことができなかった。そこで、次の治療のスケジュールを、薬を飲む直前の時間に変更してくれるようお願いした。そうしてもらったことで、エネルギーの閉塞は動かしやすくなり、その人も治療の効果が上がっているのをより強く感じられるようになったと言っていた。

筋肉や骨格の病気はオーラの断裂を見る！

筋肉や骨格の病気は、うんと簡単だ。オーラの断裂を見れば、体のどこが悪いかすぐにわかる。ぼくは入っていって、自然なエネルギーのグリッドを体に示してやればいい。その症状を起こさせている怪我か何かがとても古くて、自然な健康な状態がどんなだったかを体が忘れてしまっている場合もある。もし健康地図みたいなものを見せることができるなら、体とはすばらしいもので、きっかけさえあればなんとか健康な状態に戻ろうとするのである。そして、健康な状態とはどうあるべきかを知り、記憶するのだ。理想的な状態を体に教え、正しい方向にちょっと押してやるだけでいい場合もある。

ネガティブな感情からくる疾患は、ヒーリングが難しい！

また、背景に心理的、あるいは情緒的な問題を抱えていて、それが体に影響を与えている場合もあり、その場合には、ヒーリングの前にまずそちらから取り組まなくてはならないこともわかった。消極性や罪悪感、恐怖心は、その人自身の健康への道の妨げとなる。健康な状態を長く保っていきたいと思うなら、カウンセリングを受けることや、場合によってはライフスタイルを変えることも考えてみるべきだ。

入っていっても、ぼくには何もしてあげられないと思ったこともあった。その人の飲んでいた薬剤がヒーリングの邪魔をしたのだ。治療の直前に抗うつ薬を飲んだそうで、薬を飲む前にヒーリングができるよう、予定を組み直した。すると、その次のときにはいくつかエネルギーの閉塞を除去することができたが、ぼくは直感的に病気の根底に強い心理的な原因を感じた。その人は、ぼくの治療を受ける前はほかに5つくらい別々の症状に悩まされていたと言った。そういう不快な症状が主に情緒的にネガティブであることから起こっていることは、ぼくにははっきりとわかる。この問題を先になんとかしなければ、その人の健康状態を改善することはできないというのが、ぼくの気持ちだった。精神的な問題の力になるには、今のぼくではまだ経験が足りないのだ。

病気によって自我が支えられている人のケース

治療した相手が新しい健康な状態を受け入れない場合もたまにある。病気や怪我がほかに目的のあるものだとすると、その人は「Dis-Ease」の状態にしがみつこうとする。たとえば、ＩＢＳ（過敏性腸症候群）の症状とよく似た腹部の不快感を訴える男性がいた。症状には、腹痛やひどい下痢《げり》、特定の食品に対する拒否反応などがあった。その人は、自分はミルクや乳製品にアレルギーがあるのだと言い、そうした食品を避けるために大変な苦労をしていた。

ぼくは入って、眺めてみた。たしかに腸が炎症を起こしていたが、その原因となるような身体的な理由は見つけられなかった。すべてがその人の想像によるものだと言うつもりはない。その人が体験していた症状はその人にとって本物（しかも痛いもの）だったことは、わかっている。だがぼくには、その人が自分の感情や不安を、腸を通して処理しているように思えた。もし、それが腸の症状になっていなかったとしても、そのときはまた別の身体症状を生んでいたのではないかと思う。

ぼくはその人を毎日治療することもできたが、その人が何か新しい方法を見つけて自分の感情をうまく扱ったり処理したりできるようにならないかぎり、いつでもまた元の木阿弥《もくあみ》になるだろう。人の体というのは驚くほど複雑で、ぼくたちの健康には心と体の関係が絡んでいる。体には、いつでも心の中が反映されるのだ。

人によっては新たに得た健康な状態をなかなか受けつけないことがあるということも、ぼくは知った。病気が、その人が自分にとってとても大事だと思うようなほかの目的のために働いている場合がそうだ。元気になってしまうと、病気によって支えられていた目的が果たせなくなってしまう。

病気になる本当の理由が、人生にひどく失望したり幻滅したりしたことにある場合もある。これは仕返しのようなものだ。人生が自分を傷つけたというふうに感じて、人生にちゃんと参加するのをやめることで報復しているのだ。

病気は、いろいろな精神的理由からも起こることがある。人の心の中は、直接体に影響する。人から注目されていない、認められていないと感じていた場合、病気（特に慢性の）によって、求めていた注目や認知を得られるようになる。食事制限が必要な場合から寝たきりになってしまう場合まで、その幅は広い。初めは心で知覚されたものが原因となって、病気が体に現実に表れる。体を完全な健康体に戻すためには、注目や認知の問題が解決されなくてはならない。心も同じ目的に沿っていなければ、体だけのヒーリングをしても、効果が長続きするのを期待することはできない。

病気の原因が回避行動にあるケース

病気の原因が回避行動による場合もある。たとえば、ある人が業務上の怪我で苦しんでいるのが、実は心の中で転職したいと願っている結果だということもあるかもしれない。だが、いくら願っていたとしても、そうするのは恐ろしいことだったりもする。急激に生活を変えるというのはなかなか難しいことだ。そこで、望んでいた変化に代わるものとし

アダムのヒーリング・メッセージ㉖

体はいつでも心の中を反映する

　病気は、いろいろな精神的理由からも起こることがある。人の心の中は、直接体に影響するので、初めは心で知覚されたものが原因となって、病気が体に現実に表れる。体を完全な健康体に戻すためには、心も同じ目的に沿っていなければならない。体だけのヒーリングの効果で長つづきするのを期待することはできないからだ。体には、いつでも心の中が反映されているので、自分の感情をうまく扱ったり処理したりできるようにならないかぎり、いつでもまた元の木阿弥になってしまう。

て、慢性的な症状を生み出してしまう。すべては、その人にとって何が一番大事かということによっているのだ。

家族からの強い影響があるケース

家族が健康状態に影響を与える場合もある。あるとき、末期ガンの宣告でパニックになった女性からEメールを受け取った。化学療法も放射線治療も受けたくないので、エネルギーヒーリングを試してみたいということだった。前にも述べたとおり、病気の影響を受けるのは、家族の中でその人1人というわけではない。その人の家族は化学療法や放射線治療を望んでいた。ぼくの治療を受けて、腫瘍がかなり縮んでいるのをX線写真で見ても、家族からのプレッシャーがあって、その人は化学療法について迷い続けた。そして。結局は化学療法を受けにいくことにしたのだ。

しかし、ほとんどの場合は、みんな心を決めて、喜んでエネルギーヒーリングを受け入れてくれている。受け入れて、ポジティブな態度で臨んでもらえることで、ぼくはたくさんの人が健康を取り戻すための手伝いをさせてもらっていることに誇りと喜びを感じることができた。

死期が近い人のケース

しかし、ただもうそのときが来たとしか言いようのない場合もある。郊外に住むある男性から、ぼくは連絡をもらった。その人の父親が、脳卒中《のうそっちゅう》で倒れて以来、療養型の病院に入っているというのだ。その人は父親が死にかかっているのを心配していた。ぼくは、「対面」治療ができるよう、父親が入院しているという病院に行った。会ってみると、患者はベッドに横たわったまま、まったく反応がない状態だった。治療の中で、ぼくはその人の強い精神を見た。そして、今はまだだが、死期が近いことを知った。1回の治療で翌日その人は体を起こして話をし、食事に文句を言えるほどになった。そして2カ月後、家族全員が郊外の家から、その人に会いに行った。このときまでに、その人は元気になって、家族みんなとお気に入りのレストランに行ったり、ロトくじを買ったりすることもできた。その訪問の最中に、その人は亡くなった。だが安らかに、そのときが来たのだと悟《さと》って、愛する人たちにお別れを言うことができた。

なぜヒーリングを最後の選択にしてしまうのか？

ほかにわかったのは、ぼくが行うようなヒーリングに興味を持つのは、ほとんどの人たちの場合、「最後の手段」としてであって、最初の選択肢にはないということだ。その点がぼくにはわからない。ぼくなら、一番侵襲《しんしゅう》性の少ない治療法をまず試したいと思うからだ。

手術も化学療法も放射線治療もやったというガン患者から連絡を受けたことが何回かある。ガンは末期で、それでぼくに助けを求めてくるのだ。体中の細胞がガン化したり、病気や使用中の薬物の影響をはなはだしく受けていたりする。こうしたケースは受けつけられない。治療に要するエネルギーが大きすぎて、ぼく自身の健康が脅かされるからだ。ぼくはいつも、もっと早く来てくれていればと思う。だが、先ほども言ったように、エネルギーヒーリングは、ほかのあらゆる方法をやりつくした後の最後の手段としか考えられていない場合が多いのだ。ぼくのところにやってくる前に、病状はひどくなってしまい、もう取り返しがつかなくなっている。いつかぼくの能力が進歩して、こうした人たちの力にもなれるよう祈っている。

何もしてあげられないケースもある！

クリスマスの1週間前に、ある男性から緊急の依頼のEメールを受け取ったことがあった。その人の息子は白血病で、40度以上の熱を出し、血尿も出ているというのだ。ご夫婦は息子が何か月も入院している病院の近くのモーテルで生活していた。病院の費用は10万ドルにもなり、それが日々かさんでいっているのに、どう支払ったらいいものか見当もつかないという。ご夫婦ともただただ息子によくなってほしいという一念だけだった。

その子を見るとすぐに、体がもう機能を停止しようとしているのがわかった。ぼくにできるのは、元気を出すように励ますことと、エネルギーをいくらか送ってあげることだけだった。2日のあいだにぼくはなんとか体温を37度台に下げることができた。子どもはベッドから出ておもちゃで遊ぶこともできるようになった。そんなことができるのも何週間ぶりかのことだった。だが、病気はもう止められないところまで進んでおり、クリスマスイブにその子は亡くなった。実に悲しいことだった。もっと早く連絡をくれていればと悔《く》やまれる。

世界中に病気の人がどれだけ多くいるかなんて、自分にも何かしてあげられることがあると気づくまではわからないものだ。だが、ぼくにはすべての人を助けることはできない。だから、誰を助けるかということになると、厳しい選択をしなくてはならないことがある。ぼくには何もしてあげられないと、人に告げることはとても難しい。だが、そうしなければならないこともあるのだ。ただその人が生きているあいだ、少しでも楽に過ごせるよう教えてあげられることがあればと思う。

大切なのは、脳というコンピュータをコントロールする側に回ること！

ぼくの会う人はたいてい、ヒーリングの一部としてポジティブな考え方を持つことを必要としている。たいていの場合は、エネルギーヒーリングのようにある意味では急進的なものに目を向ける前に、従来の薬物治療に背を向けて来ている。これ以上できることはない、おそらくあと半年の命でしょうなどと言われても、すんなり聞きいれることはできない。だが、医師はこういう決断を毎日しなくてはならないのだろう。病気にはいつかその言葉と面と向かわなくてはならないときがあるということもわかっている。

あと半年の命と言われたときに、達成感が得られる場合もある。覚えておいてほしい。脳というのは思考というメッセージでコントロールされるスーパーコンピュータのような

早い段階でエネルギーヒーリングを取り入れていたら……

ガン治療において、ぼくが行うようなヒーリングに興味を持つのは、ほとんどの人の場合、「最後の手段」としてであって、最初の選択肢にはならない。ぼくなら一番侵襲性の少ない治療法をまず試してみたいと思うのに残念なことだと思う。

ほとんどの人は、エネルギーヒーリングをほかのあらゆる方法をやりつくした後の最後の手段としか考えていない。ぼくのところにやってくる前に、病状はひどくなってしまい、もう取り返しがつかなくなっていることが多いのだ。

思考や情報にふりまわされず、
可能性のあることはやりつくそう

脳というのは、思考というメッセージでコントロールされるスーパーコンピュータのようなものだ。自分自身の思考だけでなく、身の回りにある情報を絶えず取り入れて、ポジティブな思考にもネガティブな思考にも反応している。ぼくたちはこのコンピュータにコントロールされるのではなく、それをコントロールする側にならなくてはならない。

たとえ、余命半年と言われたとしても、まだできることがあるかもしれないのに、与えられた情報で結論を急ぐべきではない。可能性があることはすべてやりつくそう。

ものだ。自分自身の思考だけでなく、身の回りにある情報を絶えず取り入れて、ポジティブな思考にもネガティブな思考にも反応している。ぼくたちはこのコンピュータにコントロールされるのではなく、それをコントロールする側にならなくてはならない。ぼくが言いたいのは、まだできることがあるかもしれないのに、結論を急ぐべきではないということだ。可能性のあることはすべてやりつくそう。

人の体はうんと複雑なコンピュータよりももっともっと複雑だ。あらゆるものは相互に絡み合っていて、たった1つの変化や機能不全がほかのすべてのものに影響を与える。このことを理解するのはとても大事なことだ。すべてが結びついている中では、あらゆるものが目的を持っているのだ。

統一

膨大な類似がすべてを結んでいる
すべての天体を、年老いたのも、若いのも、小さなのも、
大きなのも、太陽も、月も、惑星も
どんな遠いところも、どんな広いところも、

どんな時のかなたも、不活発なものもすべて、
すべての人間、すべての生けるものたちを、
どんなに違っていようと、違った世界に生きていようと、
すべてのガス状のものを、湿ったものを、野菜を、鉱物を、
魚を、獣を、
すべての国を、肌の色を、蛮行を、文明を、言語を、
これまでに存在していた、あるいはしているかもしれないすべてのアイデンティティを、
この地球の上の、あるいはいずれの地球の上でも、
すべての生を、そして死を、すべての過去を、現在を、未来を、
この膨大な類似がすべてをつないでいる
それは常につないできた
そして永遠にそれらをつなぎ、ぎゅっと抱えこみ、
そして、取り囲む

ウォルト・ホイットマン『草の葉』より

これまでの考え方の枠から
踏み出さなくてはならない。
その一歩を踏み出す勇気が必要なのだ。

――アダム

第8章

回復のプロセス――すべての人は「量子情報の場／宇宙の知識ベース」でつながっている

最初から最後まで、大事なのは態度です。

――レイチェル・オァー

すべての人が目指すべき完璧な健康の状態とは？

できるだけ簡単に言うとすれば、病気というのは、健康でない状態だ。エネルギーシステムのバランスが崩れているのである。体が自然なグリッド、あるいは正常な機能の暗号を見失っている。

病気はさまざまなかたちで表れる。慢性的な痛みとなって表れる場合もある。体が腫瘍を成長させてしまうこともある。ガンを育ててしまう場合もある。病気の表れ方はさまざまだ。そして、同じように原因もまた、さまざまである。

理想的な健康とは、エネルギーの閉塞がまったくなく、体の内側でも、その反映としての外側でも、エネルギーがスムーズに流れている状態だ。すべてが完璧に調和して働いている。その場合体内には身体的にもエネルギー的にも情緒的にも何の葛藤《かっとう》もないだろう。そこでは完璧なバランスがとれている。

完璧な健康を手に入れることは、途方もなく難しいだろう。だが、それでもすべての人はここを目指すべきである。古い傷跡や損傷のためにそれが不可能な場合もある。それでも、制約のある中で可能なかぎりのバランスが得られるよう努力することはできるし、そうすべきだ。

ヒーリングのプロセスにおける強力なツールは、ポジティブな態度！

最初から最後まで、大事なのは態度だ。ぼくは、自分の精神的な信仰がヒーリングに影響しているとはまったく思わない。どんな信仰的な導きや精神的な指導を受けている場合でも、それはちゃんと持ち続けているべきだ。それがその人にとって大事なものなら、ヒーリングのプロセスにおいてもやはりそれは大事なものだからである。何より大事なのがポジティブな姿勢だ。よいことが起ころうとしていると信じるのだ。

その人の態度は、ヒーリングのプロセスにおいて実に強力なツールとなり、その人の体が健康な状態に戻るための基礎となる。人に感謝し、人生の中にあるよいものに感謝することができなくてはならない。悪いことばかりにこだわっていたら、どんな幸運にも感謝することなどできない。

これまでの考え方の枠から踏み出さなくてはならない。その一歩を踏み出す勇気が必要なのだ。ヒーリングが（さらに言えば、ほかのどんなことでも）うまくいくかどうかを決めるのは自分自身にほかならない。だがみんな、その権限を専門家と言われる人たちに委《い》

完璧な調和が理想的な健康につながる

病気というのは、エネルギーシステムのバランスが崩れ、体が自然なグリッド、正常な機能の暗号を見失っている状態のことである。

理想的な健康とは、エネルギーの閉塞がまったくなく、体の内側でも、その反映としての外側でも、エネルギーがスムーズに流れている状態を言う。すべてが完璧に調和して働いており、体内には身体的にも情緒的にも何の葛藤もなく、完璧なバランスがとれていることが必要である。

信じること、感謝することはヒーリングの大きなツール

　ヒーリングのプロセスにおいてその人の態度は重要な要素になる。何よりも大事なのが、よいことが起ころうとしていると信じるポジティブな姿勢と、人に感謝し、人生の中にあるよいものに感謝することである。これは実に強力なツールとして、その人の体が健康な状態に戻るための基礎となる。

譲《じょう》してしまう。それで責任から解放されると思うのかもしれないが、そうではない。権利も選択も、最終的にはやはり自分自身のものなのだ。勇気とポジティブな姿勢が健康へと導いていってくれるだろう。

心を開けば、どんな目標も近くなる。ぼくは、どんな人でも自分や他人を癒す力をある程度持っていると信じている。中には、宇宙エネルギーのつながりに対して人よりも敏感な人がいるというだけだ。

人よりもピアノやスポーツがうんと得意な人がいるのと同じだ。ただみんながモーツァルトやタイガー・ウッズのようにはなれないというだけで、それでも時間をかけて熱心に打ちこめば、誰でもピアノを弾《ひ》いたりゴルフをしたりできるようになる。ぼくのやっていることも同じだと思う。これは誰にでもできる。ただぼくたちの中には生まれつきその能力に恵まれていたり、人よりうまくできたりする人がいるというだけのことだ。前にも述べたとおり、ぼくたちはみんなそれぞれに才能を持っている。それはどれも同じように大切だ。ぼくたちはみんな、ポジティブな姿勢でベストを尽くすことができるのだ。

どんな心配も無用！「心配は病気を引き寄せるだけ」と知ること‼

心配するのは時間の無駄だ。それはまだ決まってもいない未来を恐れていることになる。それはためにならない。心配している本人のためにもほかの人のためにもならない。心配しても、いいことは何もないのだ。

心配からは罪悪感が生まれる。罪悪感はネガティブな気持ちを生んだり、自分から力を奪ったりしてしまい、それが健康に影響を与える。そうすると、それが互いの結びつきを通して、周りの人すべてに影響を与えてしまう。中には、自分自身とも自分自身のエネルギーシステムともつながりを持っていないために、ほかの人と関わったりつながりを持ったりすることが非常に難しい人もいる。

心配は病気（Dis-Ease）をもたらし、病気の原因となる。ぼくにはその体に何かが間違っていると気づかせることもできるが、本人が自分のネガティブな気持ちを見抜くことができなければ、何も変わらない。これは治療の効き目にも影響する。末期ガンだがポジティブな気持ちを持っている人のほうが、比較的軽い病気だがネガティブな姿勢の人よりもはるかに治療しやすい。

一歩踏み出す勇気

ヒーリングもほかのどんなことも、うまくいくかどうかを決めるのは自分自身にほかならない。だがみんな、その権限を専門家と言われる人たちに委譲してしまう。それで責任から解放されると思うのかもしれないが、そうではない。権利も選択も、最終的にはやはり自分自身のものなのだ。これまでの考え方の枠から踏み出さなくてはならないし、一歩を踏み出す勇気が必要なのだ。その勇気とポジティブな姿勢が健康へと導いていってくれるだろう。

心配は病気の原因となる

心配をするのは、まだ決まっていない未来を恐れることであり、時間の無駄だ。心配はしている本人のためにも、ほかの人のためにもならないばかりか、罪悪感を生む。さらに罪悪感はネガティブな気持ちを生んだり、自分から力を奪ったりしてしまい、病気の原因となる。

本人が自分のネガティブな気持ちを見抜くことができないと、ヒーリング治療の効果にも影響する。末期ガンだがポジティブな気持ちでいる人のほうが、比較的軽い病気でもネガティブな姿勢の人よりもはるかに治療しやすい。

ネガティブな考えの堂々めぐりから抜け出せなくなっている人もいる。その人に向かって「やあ、今日はいい天気だね」と言ってみても、「ああ、だが明日は雨になるだろうよ」というような答えが返ってきてしまう。ネガティブな考え方が壁を作っているのだ。過去の経験から、人生にネガティブなレッテルをべたべたと貼りつけてしまう。そして、親のせいにしたり犯罪のせいにしたり、さまざまな言い訳をする。他人を、特に両親を非難する傾向がある。だが、そんなことをしても無駄だ。どんな言い訳も、もうそれを乗り越えるべきときに来ているのだ。

想像力は知識よりも重要だ。想像力は世界を包みこむ。

――アルベルト・アインシュタイン

視覚化とは、「量子情報の場／宇宙の知識ベース」へのアクセスのこと！

自分で視覚化するという力を決してあなどってはいけない。何かを想像するとき、あなたはそれを視覚化している。視覚化しているとき、あなたは、科学的には量子情報の場として知られている宇宙の知識ベースにアクセスしている。直観というのは、ぼくたちみんなを取り囲み、全宇宙に広がっているこの領域に入ることのできる能力だ。

自分がこうありたいと思うような健康状態にあるところを想像してみよう。できるだけ細かな点まで思い描く。それがあなた自身の目標、あなたの夢だ。健康になったら自分が何をするか、思い浮かべてみよう。健康がどんなものか感じてみよう。周りに聞こえてくるだろう音に耳を傾けよう。匂《にお》いを嗅ごう。これを毎日やる。そのための時間をとって、毎日その時間を楽しみにしよう。

セラピストは人々に助言を与えてくれる。患者に病気を視覚化するように言い、それをさまざまな方法で取り除くところを視覚化するように言う。これをしているとき、要するに心は体に自分を癒せと伝えているのである。生き生きとした想像力を持ち、治癒効果のある思考を長時間持ち続けることができる数少ない人には、これがとても効果的だ。

ぼくがやっていることもそれと同じで、違うのは、ぼくは心と体のコントロールに影響を与え、その人が視覚化をうまくやりとげる必要のないバイパスを作るという点だ。ぼくがヒーリングを行うとき、患者がこの示唆《しさ》に富んだ視覚化をやってくれるなら、ぼくの仕事はやりやすくなる。健康を目指すあなたの夢が、目標の達成を助けてくれるのだ。

ぼくたちを取り巻く知識ベースに入っていけるというぼくの能力は常に成長している。ヒーリングを始めた頃は、患者についての情報を受け取るためには、その人の写真を見る必要があった。今は名前さえ教えてもらえれば、自動的にその人とつながりが作れる。こういうふうに患者の情報の中に入るときは、その名前を教えてくれた人を経由して行うので、ほかに同姓同名の人がいたとしても、ちゃんと正しい人物とつながることができる。その道は即座にできてしまうので、どうつながろうかと考えたりそこだとわかる間もないくらいだ。

直観とは、宇宙のデータベースへ分け入る能力のこと！

直観はいろいろとおもしろいかたちで働く。ある夜、ぼくの両親は友人宅での夕食に招かれ、そこに誰が来る予定かをぼくに教えてくれた。そのうちの１人の名前から、その人

アダムのヒーリング・メッセージ㉝

視覚化の力

何かを想像するとき、あなたはそれを視覚化し、科学的には量子情報の場として知られている宇宙の知識ベースにアクセスしている。自分がこうありたいと思うような健康状態にあるところを想像してみよう。できるだけ細かな点まで思い描く。これをしているとき、心は体に自分を癒せと伝えている。自分で視覚化をするという力を決してあなどってはいけない。

の前の奥さんのイメージがぼくの頭に浮かんだ。その人は10年前に離婚していた。前の奥さんには神経学的な問題があって、それがものの考え方にも影響していたらしい。でも、それは10年前の話で、今はもうだいぶよくなっているとも、ぼくは言った。夕食の席で、両親はそれが全部本当に起こったことだということを確かめた。

ぼくはたいてい、その人が何か言ったり、実際に入っていって見たりする前に、どこが悪いのか感じたりわかったりする。その人のエネルギーシステムに入っていって見るときには、より詳しいことがわかる。このことから、直観や「知る」ということの別の意味が考えられる。健康に関することについては、ぼくはそれを知る鋭い感覚を持っているようだ。

ヒーリングを行うとき、ホログラムが見えるのと同じように、ぼくは直感的な情報も得ている。これはあらゆる人と相互につながっていることによるのだと感じる。テレビにたとえるのがちょうどいい。１つのリモコンを使ってチャンネルを変え、まったく違った映像を見ることができるということなのだ。

誰かの中に入っていくときは、チャンネルを変えるための操作は特にいらない。考えるだけで即座に変わっているのだ。ぼくは、自分がアクセスしている情報は量子情報の場から来ているのだと信じている。

さらにテレビにたとえるなら、あなたが観たいのがある特定の映像だけだと考えてほしい。そして、あなたはあなたの考えを読むことのできるリモコンを持っていると想像してほしい。リモコンはあなたの考えていることを察知してすぐにその映像を映す。ぼくが誰かの怪我や病気をスキャンしているときというのは、ちょうどそんな感じだ。

ぼくの使っているリモコンは非常に進歩した洗練されたものだ。その人の医師の情報にも母親の情報にも、その人とは何の関わりもないがその損傷についてよく知っているという人の情報にもチャンネルを合わせることができる。得られた情報はその損傷に対し適切で、それをもとにぼくは分析をする。ぼくはこんなふうにしてヒーリングに必要な量子情報の場と結びついている。

患者の内部組織の情報は、言葉ではなく、イメージで受け取る

その人の中に見えるものを説明するときは、ほとんどの場合、ぼくは医学用語ではなく自分の言葉でしゃべる。あるときぼくは、子宮を全摘出した女性を見た。子宮内膜症（子宮の内膜が子宮の外に生育する病気）で、ほかの器官に内膜組織が生育していた。子宮摘

出手術を受けたのは10年前のことだったが、組織の一部がまだ子宮以外の場所に残っていたのだ。医師たちはそれをどうにもできないと言った。ぼくが見た内膜組織は腎臓の外側に生育していた。それを説明するのに、ぼくは腎臓の外側に何か植物みたいなものが生えているように見えると言った。当時のぼくには見慣れないものだったのだ。だが、その人から病歴を聞いて、すべて納得がいった。

別の女性で肺に胸水がたまっている人がいた。胸に水がたまっているように感じるが咳《せき》をしてもそれを吐き出すことができないというのだ。ぼくは入って肺を調べてみた。肺の中は何か膜のようなものに覆われてふさがっているというふうにぼくは説明した。その人が感じるという胸水は、その膜の内側にあった。そのとき、その人が、以前乳ガンの手術を受けていて、術後、肺の内側に空気漏《も》れを防止するシーラント剤を使わなくてはならなかったのだと教えてくれた。それで、ぼくが最初に肺の中で見たものの説明がついた。

イメージで受け取った情報は、身体的に表れているものといつも正確に一致しているわけではない。それがぼくの課題だ。あるとき、腰の椎間板を痛めた男性を見た。下のほうの脊椎が2つの細い線維の束で支えられているだけなのが見える。腰が不安定なのはそのせいだとぼくは説明した。すると男性は、それはぼくに会う数日前に医師に言われたこととそっくり同じだと言った。

ぼくが受け取る情報は言葉ではなく、イメージだ。それをどうにか言葉にして説明しなくてはならない。イメージを受け取る直観力はヒーリングとも関係している。ぼくはどこにどんな問題があるのか、映像として見ることができるが、直観的な情報を得ることで完璧なヒーリング治療ができる。

直観力は、ぼくのエネルギー的なヒーリングと診断の重要な部分となりつつある。現時点では、誰かの名前を聞くだけで、情報を取り出して、その人がどんな問題を抱えているか、ぼくに助けてあげることができるかを知ることができる。

損傷とは直接関係ない情報を受け取る場合もある。ぼくはある女性を治療をしたが、その後その人からは何の音沙汰《おとさた》もなくなった。その人の助けになったことはわかっているが、ご主人が反対していて、やめるように説得していることがぼくにはわかっていた。やっとその人から連絡があったとき、そのことを言ってみると、どうしてわかったのかと驚いていた。本当に、ご主人はやめろと説得していたのだ。だが、その人は治療を継続することに決めた。たった1回の治療で関節炎が大きく改善されたからだ。以来、症状はなお大幅に改善されている。

その人を見れば、エネルギーヒーリングを受け入れるかどうかもわかる。もう助からない場合もそれがわかる。そういう場合は、ぼくにしてあげられることはあまりない。体がこれ以上はもう持ちこたえられないと決断したら、活動停止のサインを出す。それはぼくにははっきりとわかるもので、それに抗《あらが》おうと思っても無駄だということを感じる。ぼくはその人たちにエネルギーを与え、場合によっては、避けられない運命が少しでも受け入れやすくなるように力を貸す。

ぼくはいつも自分が量子情報の領域とつながっているのを感じる。ホログラムの特定の部分にすばやくつながるのにそんなに考えることはいらない。ぼくが成長して経験を積めば、この力はもっと強くなると信じている。

未来に起こることについて働く洞察力そして予知とは?

量子情報の場に入ることができるようになって、ぼくの意識はいろいろなものごとに関する情報を受け取ることにも開かれるようになった。使うことのできる情報は膨大にある。近くても遠くてもこれから先に起こるできごとについての情報を受け取ることもある。心が、使える情報源のすべてを瞬時に統計的に分析し、それをすべて起こり得るできごとに絞りこんでいくのを感じる。これは、エドガー・ケイシーが驚くべき予知をするのと同じ能力である。

エドガー・ケイシー（１８７７―１９４５）は、過去における最もすばらしい霊能者の１人である。彼は会ったこともない人々の病気を診断し、その人たちを癒す治療法を指示することができた。彼はまた敬虔《けいけん》なクリスチャンでもあり、透視や生まれ変わりは聖書の教えに反するものではないと説《と》いた書物も何冊か執筆している。興味のある方にはぜひ読んでいただきたい。エドガー・ケイシーは、物理的な事象と精神的な事象両面について予言を行う能力を持っていたことでも有名になった。そして、すべてではないがその多くが実際に起こっている。

違った結果が起こることもあるだろう。彼が予言しているのは断片的な時間の中でのことだ。もしこの時点で予見したことが何もかもそのまま起こるものなら、予言は現実のものになるだろう。

競馬を例にとってみる。馬についての統計を読んだところ、そのレースに負けることはありえないとしよう。ほかの馬は能なしぞろいだが、あなたが賭けようとしている馬はケンタッキーダービーで１度勝っている。馬場は乾いていて、あなたの馬は最高の走りをしている。この瞬間、どこから見ても、あなたの馬は悠々《ゆうゆう》と勝利をつかめるはずだ。ところがレース中、ごひいきの馬はほかの馬に激突され、脚を折ってしまう。そう、予言はここまでだ。予測できる結果だと見えたものが予見できないできごとに取って代わられたのだ。同じことが霊的な予言にも言える。こちらのほうがより多くの情報を利用するというだけだ。予言の日が近ければ近いほど、統計的にはそれが起こりやすくなる。ある晩10時頃、ぼくは父と車で帰宅するところだった。突然、ぼくは父に言った。「死が近づいてくるのを感じる」それは恐ろしい気持ちで、何百人という人がもうすぐ命を失いそうな気がした。父は心配するなと言い、朝になったら新聞を見てみようと言った。だが、父の運転は、もしかして事故に巻きこまれるのではないかと不安に思い始めたように、いつもより慎重になった。

翌朝新聞を読んで、台北を午後3時に飛び立った旅客機が離陸20分後にレーダーから姿を消したことを、ぼくたちは知った。その事故で200人以上の人が亡くなった。時差を計算してみると、それがちょうど死の予感がした時間だった。飛行機に搭乗していた人の中にぼくとエネルギー的なつながりを持てた人がいたのかもしれない。それほど多くの人が一時に死に向かっており、またそのことに気づいていたことの結果かもしれない。

ぼくたちはみな、
何度も死んで生と死を繰り返す。
ぼくたちの進む道は
蓄積された意思によって決まる

——アダム

再生あるいは前世とヒーリングの関係

最初、ぼくには再生あるいは前世という考えを受け入れるのは難しかった。この話をすることで、ぼくは読者の一部を失うのではないかとも思う。相手に触れずに人々を治療するということだけでもすでに十分受け入れがたいことだ。ぼくは仏教徒ではないし、仏教についてそんなに読んだこともない。再生あるいは前世についてのぼくの考えは、ただぼくの持つ洞察力と自分やほかの人の過去の人生を見る能力によるものだ。

ぼくたちはみんな過去にいくつもの人生を持っている。病気がその前世の1つに関係している場合もある。生まれつきの傷跡が別の人生で起こったことと関係があるのを感じたりすることもある。

多くの人がデジャ・ヴ（既視体験）を体験する。外国に行って、今まで1度も訪れたことのない土地に深いつながりを感じるようなことは、多くの人に起こる。初めて会った人にそれを感じることもある。ずっとずっと前から知っていたような親しみを感じるのである。ある人に会って落ち着かない気持ちになったり、その人のそばにいると口では説明のできない恐怖にも似た気持ちを感じたりすることもある。自分でも知っていると思わなかったことが不意に浮かんでくるというようなことはなかっただろうか？　これが初めてではないということを示すことがらはたくさんあるのだ。

ぼくは本当に、その人の過ごしてきた前世を見ることができる。誰かの中に入っていくときには、たいてい今ある傷も古い傷も見えている。どこも悪くない人というのには、今まで会ったことがない。だが、誰でもその人の中に明るく白く輝く部分を持っていて、ぼくはそこにも入っていくことができる。その白い光の中に入ってみると、そこは何の傷も損傷もないきれいな体のような感じがする。たぶんこれが、ぼくたちが魂と呼んでいるものの姿なのだろう。

このまぶしい光から、ぼくはその人の前世にアクセスすることができる。そこにはたくさんの前世がある。入っていくたびに違う前世と出会う気がする。こうした前世に目を向けると、細かなところまでとても鮮やかに伝わってくる。ぼくの父を見ると、部隊の番号を書いた英国旗を掲げた軍隊の一員となって戦場にいる父の姿が見える。海で命を落とした漁師の姿としても見える。父は水の深いところで泳ぐのをいつも怖がっていたが、この恐怖心が偶然の一致だとは思えない。

前世がそうであってほしくないようなものであることもある。ある友人の前世に入ってみたとき、彼が海を見下ろしている羊飼いの姿で見えた。羊飼いで悪いということはない。だが、人というのはもっと魅力的なものを期待するものだ。前世で王や王妃だったらと思うのである。前世が何であれ、それが今の自分を作っているのだ。人はたくさんの違った模様を縫《ぬ》い合わせたキルトのようなもので、そこから何か美しいものが生まれているのだ。

遠隔ヒーリングに対して、もっと心を開いて！

人は心を開き、同時に疑い深くなることもできる。だが、あまり疑ってばかりいると、心を開くことができなくなってしまうので、気をつけなくてはならない。よい研究者になるには、開かれた、しかも探究的な心を持たなくてはならない。遠隔ヒーリングの正当性を支持する科学的研究の公の出版物は十分にある。だが、ほとんどの人に対し、遠隔ヒーリングのことを口にするのはタブーとなっている。偏見のない人間だと自称する人でさえ、この驚くべき能力について知ろうともしない。

人からこういう拒絶反応を受けるのは特につらい。ぼくは実際にこの特別な能力を毎日体験しているのだから。そこでそのたびに、こうした能力の存在を世界に教え、広めたいという大望をさらに燃え上がらせている。科学的な発明をした人はほとんどみな、当時の

白い光——魂は、前世とつながっている

ぼくが誰かの中に入っていくとき、どこも悪くない人というのは、今まで会ったことがない。たいていは今ある傷も古い傷も見えている。だが、誰でもその人の中に明るく白く輝く部分を持っていて、ぼくはそこにも入っていくことができる。その白い光の中に入ってみると、そこは何の傷もないきれいな体のような感じがする。たぶんこれが、ぼくたちが魂と呼んでいるものの姿なのだろう。

このまぶしい光から、ぼくはその人の前世にアクセスすることができる。こうした前世に目を向けると、細かなところまでとても鮮やかに伝わってくる。ぼくたちはみんな過去にいくつもの人生を持っていて、病気がその前世の１つに関係している場合があったり、生まれつきの傷跡が別の人生で起こったことと関係があるのを感じたりすることもある。

人たちに笑いものにされていた。やっと世界の目に偉人として映るようになるのは、晩年を迎えてからだ。

検閲《けんえつ》と誹謗《ひぼう》中傷は、
現実はわれわれの五感を
超えたところにあるという
主張の信用を失わせる手段である。

——フランク　2002年

新しい発明は、なかなか受け入れられず懐疑的に扱われる！

アレクサンダー・グラハム・ベルを例にとろう。電話を発明した彼が人の関心を引くまでには大変な苦労をした。英郵便公社の主任技師だったウィリアム・プリース卿《きょう》は、「イギリスにはメッセージを運ぶ少年ならたくさんいる」と言った。プリース卿はロンドン王立協会会員で、マイケル・ファラデー［訳注：イギリスの物理学者、化学者。電磁誘導の発見や「ファラデーの法則」で知られる電気分解の法則など、多くの重要な発見を行った］のもとで学んだ人物である。プリース卿は、トーマス・エジソンが電球を発明したと発表したときには、これをさらにしのぐ発言をした。「まったくばかげた考えだ」と言ったのである。

何よりいい例はライト兄弟だろう。彼らは実際に飛行機に乗って飛んでいるところを写真に撮り、地方の高官たちが見ている前で何度も公開のデモンストレーションを行った。それでも、アメリカのほとんどの科学者や一流の科学誌からはいかさま扱いされたのである。

疑い深い人たちの発言はまだまだある。

「家庭にコンピュータを欲しいと思う人などいるわけがない」
DEC社長ケン・オルセン　1977年

「コンピュータの市場規模は世界で5台というところでしょう」
IBM会長トーマス・ワトソン　1943年

「ラジオに未来はない」
ケルビン卿（イギリスの数学者、物理学者）　1897年頃

「見識のある人間なら、電線を使って音声を送ることなど不可能だということを知っている。仮に可能だとしても、そのことに実用的な価値はない」
ボストン・ポスト紙社説　1865年

「空気より重い機械が飛ぶわけがない」

ケルビン卿　１８９５年頃

また、１８００年代のアメリカのある政治家は（経費削減の名のもとに）こんな発言をしている。

「発明されるべきものはすべて発明されたわけですから、もう特許庁はすべて閉鎖したほうがよいでしょう」

奥深いものを知らずに生きていくことはとても恥ずかしい！

ありがたいことに、探せば立派な教育を受け、非常に知識のある人物がいくらでも出てきて、この能力が全世界の利益になると理解するのに喜んで力を貸してくれる。みな、勇気のある人たちだ。主流派の考えに逆らって、ぼくたちの周りにあるまだ解明されていないたくさんのことがらに答えを求め続けようとするには、とても強い人間でなくてはならない。ぼくはこういう人たちを心から尊敬し、その人たちがいつの日か、批判をする人たちの攻撃をすべて退けて汚名をすすぐことができるよう願っている。

ぼくが今まで出会った人たちが、遠隔ヒーリングの説明をすると一様に疑ってかかるのはおもしろいことだ。何より元気づけられるのは、これまでどんなに疑いの目を向けられても、ほとんどの人が最後にはこの考えを理解し、受け入れてくれたということだ。ただやってみせるというだけで、ぼくは多くの人の考えを変えてきた。遠隔ヒーリングで体の中に実際に感じるものがあり、健康状態に明らかな変化があるのに気づいたら、それに効果があったことを否定するのは難しい。もちろん、疑うためだけに疑っているような人たちもいる。そういう人たちの考えを変えさせることをぼくはほとんど義務のように感じる。シンプルで、しかし奥深いものを知らずに生きていくことはとても恥ずかしいことだと思うからだ。人を癒すことには喜びがあるが、遠隔ヒーリングについての人の考えを変えることにも喜びがある。

ぼくにはすべての人を癒すことはできない。だが、人々にこのつながりを気づかせることはできる。そこには誰でもアクセスできる可能性を持っているのだ。次の章の「ヒーリング能力を育てる七つのステップ」の項が、あなた自身のセルフ（自己）ヒーリング能力の扉を開く助けになるだろう。

ひとは、自分が思うより
たくさんのパワーと制御力を
持っている。

――アダム

第9章

時間を構造化しようとする社会に縛られない！
本当にやりたいことをやる
――それが健康に生きること！

あらゆるものは相互に絡み合っていて、
たった1つの変化や機能不全が
ほかのすべてのものに
影響を与える

――アダム

あなたがものごとにどう反応するか？　その選択に健康の鍵がある！

少なくともこの世では、ぼくは若く、経験も足りない。だが、ぼくはこうしたことを直観で知った。ぼくたちはみな、毎日の生活に幸せを見出さねばならない。人生へのポジティブなアプローチと、そこから生まれるものすべてが必ずよいことを起こさせる。それは言い換えれば、健康ということだ。研究によれば、ポジティブな感情は、ストレスホルモンのレベルを低下させるだけでなく、外傷を著《いちじる》しく早く治癒《ちゆ》させることがわかっている。それは、ポジティブな感情が免疫システムを強くし、それに指示を与えるからである。ネガティブな気分や感情は免疫システムを弱らせることもわかっている。

困難や壁には毎日のようにぶつかる。深刻な問題も時折は発生する。だが、違いが生まれるのは、それがどんな問題であるかということからではなく、あなたがそれをどうとらえ、どう処理するかということからなのだ。

あなたがものごとにどう反応するかということは、何が起こったかということよりも重要だ。そしてこの点において、人は、自分が思うよりたくさんのパワーと制御力を持っている。どんな反応をするかを選択するのは、いつでも自分自身だ。あなたの選択は、いつもではないにしても多くの場合、その結果に強く影響する。

あなたは、いつも、どんなときも、自分で自分の態度を決めている。その姿勢があなたの反応のし方を決定するのだ。それはまた、その状況にどれだけストレスが伴うかということも決定する。人々は、ただ状況に適切な反応ができないという理由だけで、生活に必要以上の大きなストレスを持ちこんでいる。それとは違った態度（反応）を選ぶことで、ストレスのレベルはたちまち軽減される。実際に考えてみれば、いくつかのケースは大げさな反応ということになる。力を抜いて、流れにまかせ、人生のささやかな喜びを味わうことを学ぶのはよいことだ。

子どもは1日に146回笑う！

ユーモアのセンスをもって人生にアプローチできれば、それもとても役に立つだろう。子どもたちは、その天性の才能を持っている。くすくす笑いまで合わせれば、子どもは平均して1日に146回ほど笑っている。大人は平均して1日たったの4回だ。なんという違いだろう！

子どもたちは、たとえばそこに水たまりがあれば水をはねかしてみるというように、ささやかな楽しみを満喫することも知っている。それは、子どもたちが時間と時間の経過について、違ったとらえ方をしているからだ。小さな子どもは、水たまりをはねかしたら自分が濡れたり汚れたりするかもしれないというような心配をしない。現在時制の、「今」ということをわかっていて、楽しいその行為の瞬間に生きている。先のことや結果を気にかけたり心配したりする気持ちは、子どもたちの心に入りこみさえしない。子どもたちは現在に生きているのだ。やがて時がたつと、ぼくたちはこういうものの見方を失ってしまう。だが、これが、健康を維持するには不可欠なものなのだ。

それを失うのは、ぼくたちの生活が時間にコントロールされるようになったときだと思う。

学校生活で子どもは時間の重しをつけられる！

ある年齢になり、1年のうちのある時期が来ると、あらかじめ決められた日、決められた時間に学校生活が始まる。「時間」は、まだその意味さえぼんやりとしか理解できないのに、唐突《とうとつ》にぼくたちにとってとてつもなく重要なものになる。

学校では、運動会のような日には、時間があっという間に過ぎる。これっぽっちもおもしろくないことを勉強しなければならないような日は、時間はのろのろと過ぎる。1日の中でも、そのときの活動にどれだけ興味が持てるかによって、時間の流れ方は違う。勉強の時間はゆっくりと過ぎて、昼休みは、ベルが鳴る前に何かおもしろいことをして遊べるどころか、食事をする時間さえないほどさっさと過ぎてしまったりする。

午後の授業は、一番ゆっくりと過ぎる。時間が止まっているんじゃないかという気がするほどだ。この時間までには、活発な子どもたちはみんな、座っていることにうんざりしてしまう。やっとベルが鳴り、自由の雄たけびが廊下に響きわたる。その後の2時間ほどは一瞬のうちに過ぎて、ぼくたちはもう家に帰って晩ご飯を食べなくてはならない。

そのうちに時間の読み方を習い、いつかはほとんどの子どもが、肌身離さずつけておかなくてはならない必須《ひっす》アイテムとして、時計を持つようになる。もはや「時」とは終業を告げるベルの音でもなく、街灯がぽっと灯《とも》るときではない。「時間」という名で正確に刻まれるものになってしまったのだ。もう、夢の世界にいるぼくたちをママが優しく起こしてくれることもない。ぼくたちは大きくなって、自分の目覚まし時計を持ち、予定した時間にやかましく耳に流れこんでくる音で起きる年齢になってしまった。毎日は、アドレナリンのものすごい（そして不自然な）ショックをぼくたちのシステムに与えることから始

アダムのヒーリング・メッセージ㉟

ポジティブな感情も自分で選ぶことができる

ポジティブな感情は、ストレスホルモンのレベルを低下させるだけでなく、外傷を著しく早く治癒させることがわかっている。これはポジティブな感情が免疫システムを強くし、それに指示を与えるからである。

あなたは、いつもどんなときも、自分で自分の態度、ものごとに対する反応のし方を決めている。それは、その状況にどれだけのストレスが伴うかを決定することにもなる。ただ、状況に適切な反応ができないという理由だけで、生活に必要以上の大きなストレスを持ちこんでいる場合もあるはずだ。力を抜いて、流れにまかせ、人生のささやかな喜びを味わうことを学び、違った態度（反応）を選ぶことで、ストレスのレベルはたちまち軽減される。

時間に縛られるとユーモアのセンスが失われていく

ユーモアのセンスをもって人生にアプローチできればそれも健康の維持に役に立つだろう。子どもたちは、ユーモアの天性の才能を持っていて、くすくす笑いまで含めると子どもは平均して１日に146回ほど笑っている。成長の過程でそれを失うのは、生活が時間にコントロールされるようになったときだと思う。

まだ「時間」の意味さえぼんやりとしか理解できなくても、学校生活が始まると「時間」は唐突に子どもたちにとって、とてつもなく重要なものになる。これが、大人になると、時間をお金と同等に考えるよう条件づけられ、さまざまところで時間を気にすることから、ストレスが生じてくる。

まる。

大人になって時間は、お金と同等のものに変わる！

大人になると、時間をお金と同等に考えるよう条件づけされる。「時は金なり」、そう教えられる。ぼくたちは仕事に就き、一定の時間働くことを要求される。通常の出勤日は午前9時に始まり、昼休みが正午から午後1時、そして終業が午後5時だ。そこで、勤務時間が週のうち5日の予定を決めることになる。

午前7時　目覚ましが鳴る、起床、シャワーなど
午前7時半　朝食
午前8時　バスか自家用車に乗って出勤
午前8時45分　早めに仕事に入り、できる奴という印象を！
午前9時　始業
正午　腹が減っていようがいまいが、**ランチタイム**
午後1時　仕事再開

午後5時　　　終業、家路につく
午後5時半　　帰宅、夕食の用意を始める
午後6時　　　食事、腹が減っていようがいまいが
午後6時半　　家事、夜の活動
午後10時　　　7時に起きられるよう休む、**そしてまた最初から繰り返し**

簡単に言えば、ぼくたちは自分の体が十分に休んだと感じるときではなく、決まった時間に目覚めるわけである。多くの人は十分な睡眠をとらず、時計に合わせて容赦《ようしゃ》なく前に進み続けながら、機能を維持していかなくてはならない。この慢性的な状況がぼくたちの社会にストレスを生み出している主たる原因である。疲労が蔓延《まんえん》し、それが判断ミスや事故、ぎくしゃくとした人間関係、ごたごたや健康の悪化を招いている。

食事さえも時間に縛られ、ストレスはさらに増大する！

食事も、空腹であるかどうかにかかわらず、そのために割り当てられた時間に食べることになる。ためしに誰かにお腹が空いたかどうか聞いてみれば、相手は答える前に時計を

見るだろう。食事はぼくたちの時間外の活動となってしまった。これが、習慣や趣味、社交上の娯楽としての過食につながることもある。ぼくたちの体が要求するものからかけ離れたものになっているように見える。

これは常習的な行動となる場合もあり、その結果としての肥満がぼくたちの社会の大きな健康問題となってきている。食事は、予定された合間の時間を過ごすための快適な活動となりやすい。時間に縛られたストレスの多い毎日の束縛《そくばく》から解放されるため、それはぼくたちにとって大事な活動となったのである。

さまざまなところで時間を気にすることから、ぼくたちにストレスが生じている。学校では試験の答案は一定時間内に書き上げなくてはならない。ぼくたちが最も効率的に機能する時間帯でなくても、おかまいなしだ。しかし、それに失敗するわけにはいかない。ぼくたちはきちんと進級していかなくてはならないのだから。

医師に余命まで宣告される！　でも本当はあなたに「力」がある!!

医師に末期症状だと言われた患者は余命を宣告される。あと1年から半年の命と宣告された場合、多くの人が、それが動かしがたい事実であるかのように、決められた期間内に死んでいく。ぼくたちは、実際にはどうかなど誰にもわからないということを忘れ、この地球上のすべての人間の中でそれについて言ったり何かしたりできるのは、誰より自分自身なのだということを忘れがちである。

患者が自分にとって大事な人に会うことができるまでなんとか持ちこたえるという場合がしばしばあるのは、医学においてはよく知られたことである。この本で紹介した紳士も、脳卒中から大切な家族みんなとお気に入りのレストランで食事ができるまでに回復した。こういうことはよく起こる。ぼくたちはときに、周りに信じこまされているよりももっと自分をコントロールする力を持っているものなのだ。

重要なのは、聞きたくないことはいつでも聞かないでいることができるということだ。あと半年の命だと聞かされるような、ぼくたちに精神的に悪い影響を与えるものがあれば、ぼくたちはそれを避けることもできる。どんなときも機会をとらえて自分を力づけよう。本当は、あなたには力がある。それを誰かほかの人に譲《ゆず》ることを選択するまでは、あるいはそうしないかぎりは。

時間の大切さについては、ぼくたちは小さな子どもたちから学ぶことがたくさんある。学校に上がる前の子どもたちならほとんどみんな、行動を通じてこの貴重なアドバイスを

アダムのヒーリング・メッセージ㊲

あなたには力がある

医師に余命を、あと１年から半年と宣告された場合、多くの人が、それが動かしがたい事実であるかのように、決められた期間内に死んでいく。実際にはどうかなど誰にもわからないということを忘れ、この地球上のすべての人間の中で、それについて言ったり何かしたりできるのは、誰よりも自分自身なのだということも忘れてしまう。

しかし、患者が自分にとって大事な人に会うまでなんとか持ちこたえるということがしばしばある。ぼくたちは時に、周りに信じこまされているよりももっと自分をコントロールする力を持っているのだ。どんなときも機会をとらえて自分を力づけよう。それを誰かほかの人に譲ることを選択しないかぎりは、本当はあなたには力がある。

与えてくれる――**時にかまわない**。これは特にA型人間や神経質な人には難しいことだが、そういう人にもできる一番いい方法は、時計を家に置いて出かけることだ。時間を構造化しようとする社会的な執着《しゅうちゃく》は、多くの疾病の根本的な原因となっている。時間は、それを見る人の目を通してのみ組み立てられるものなのだ。「見る人」というのは、**あなた**である。

ヒーリング能力を育てる7つのステップ

1　自分のエネルギーを感じ、それを意識する

自分自身のエネルギーを感じるには、手のひらを円を描くようにこすり合わせる。手のひらの中央に意識を集中する。熱の発生を感じる。それがあなた自身のエネルギーだ。そうしたら、手のひらを2、3センチ離して、互いに引きつけ合う感覚を確認する。手のひらをだんだん遠ざけ、自分自身のエネルギーフィールドが感じられなくなるまで離す。自分のエネルギーを使って遊び、それを楽しもう。エネルギーシステムといっても、それだけのことだ。だから、それを意識するようにしよう。

このエネルギーの流れがぼくたちの生命の力だ。これは体のどんなシステムより重要だ。そこにはすべてが含まれているからである。だが、よく知られているのは、消化器系や呼吸器系、循環系、代謝系、神経系のほうである。これら1つ1つの効率や健康のレベルを測定するテストはたくさん生み出されている。一方、エネルギーシステムのレベルを測定する方法はいまだ開発されていない。無視されているのである。しかし、それはぼくたち

の健康のあらゆる面に直接影響を与えている。それを感じ、連動し、何よりそれを楽しむことを知ろう。

2 腹式呼吸をし、それを意識する

深く呼吸する。多くの人は通常とても浅い呼吸をしていて、実際は酸素不足のような状態になっている。体が機能するには足りる。だが、深くいっぱいに息をしたときほどではない。歌手や運動選手は正しい呼吸がどれだけパフォーマンスを高めてくれるかを知っている。空気は、ぼくたちみんなが最大限の力を発揮するにはなくてはならないものなのだ。

鼻から息を吸い、腹部を空気でいっぱいに満たすところを想像する。いっぱいになったら、口から息を吐き、腹を引っこめる。呼吸する際に肩が上下しないようにする。正しい呼吸法を身につけるまでには少し時間がかかるかもしれないが、続けることだ。毎日散歩に行くときに深く呼吸をするようにしている人もいる。4つ数えるあいだ息を吸い、次の4つは息を止め、吐くときは4つ以上数える。そのうち肺活量が増えてきたら、数えるのを増やしていく。これは正しい呼吸法のいい練習になる。

自分のエネルギーを感じ、意識する

自分自身のエネルギーを感じるには、手のひらを円を描くようにこすり合わせる。手のひらの中央に意識を集中し、熱の発生を感じる。エネルギーシステムといってもそれだけのことだ。自分のエネルギーを使って遊び、それを意識して楽しもう。

このエネルギーの流れがぼくたちの生命の力だ。これは体のどんなシステムよりも重要だ。そこにはすべてが含まれているからである。エネルギーシステムのレベルを測定する方法はいまだに開発されていない。無視されているのである。しかし、それはぼくたちの健康のあらゆる面に直接影響を与えている。それを感じ、連動し、何よりそれを楽しむことを知ろう。

腹式呼吸を心がける

深く呼吸する。多くの人は通常とても浅い呼吸をしていて、体が機能するには足りるが、深くいっぱい息をしたときほどではなく、実際は酸素不足のような状態になっている。空気は、みんなが最大限の力を発揮するにはなくてはならないものなのだ。

正しい呼吸法を身につけるまでは少し時間がかかるかもしれないが、続けることが大切だ。

3　エネルギーをグラウンディングさせ、その流れを意識する

ときどきエネルギーをグラウンディングさせることは大事だ。自分のエネルギーが体の中と外を循環して、あなたを地球の上と下の宇宙のエネルギーとつないでいるところを考えてみよう。1つ呼吸するごとに、頭の上やあなたの周りにある空気とエネルギーを吸いこむ。息を吐くときは、体の前面からエネルギーを下のほうに押しやり、それが足の裏から地球の中心に向かって抜けていくところを想像する。足の裏が地球の核とつながっているのを感じよう。息を吐くことで、あなたはこの星の上のすべてのものとつながる。息を吐くことがあなたを宇宙のすべてのものと結びつける。これがグラウンディングだ。これがエネルギーシステムのつながりに気づくということなのだ。グラウンディングはあなたのオーラをほかのエネルギーシステムと1つにすることで、身体的なエネルギーと強さを増進させる。あなたのオーラを清め、一般にあなたの健康を改善する。

4　水を飲む

水を飲むこと。それもたくさん！　ぼくたちは水を基本とした生き物だ。体は、毎日コ

ップに8杯の水を飲むことを要求する。ぼくたちの体の80パーセントは水でできており、ぼくたちはそのことに気を配らなくてはならない。コーヒーや紅茶、ミルク、炭酸飲料は水の代わりにはならない。できれば、ろ過した水だけを飲む。何かもっと刺激的なものが飲みたいなら、生のライムかレモンを絞って入れる。

オイルもガソリンも入れないで車を走らせようとは思わないだろう。どうして自分の体より機械を大事にしてより手入れをするのだろうか？　ぼくたちはとてつもない能力を持った体を与えられている。それを当たり前だと思ってはいけない。

5　ほかの人たちとの情緒的な結びつきを育てる

ぼくたちのすべてではないがほとんどの人は、幸運にも愛する家族を持っている。しかしいつどんなときも、ぼくたちの誰もがみな、ほかの誰かと友だちとして結びつく機会を持っている。ぼくたちはみな、こうした情緒的な結びつきを必要としているのだ。関係をうまく働かせるには互いに信じ合うことが必要だが、努力するだけの価値は十分にある。それを歓迎しよう。そうすれば、あなたの世界はすばらしい、愛情に満ちた場所になり、

グラウンディングで宇宙とつながる

グラウンディングとは、あなたをこの星の上のすべてとつなげ、宇宙のすべてのものと結びつけること、エネルギーシステムのつながりに気づくことである。1つ呼吸をするごとに、頭の上や周りにある空気とエネルギーを吸いこみ、吐くときは体の前面からエネルギーを下に押しやり、それが地球の中心に向かって抜けていくところを想像し、足の裏が地球の核とつながっているのを感じてみる。グラウンディングはあなたのオーラをほかのエネルギーシステムと1つにすることで身体的なエネルギーと強さを増進させ、オーラを清める。

たくさんの水を飲む

たくさんの水を飲むこと。ぼくたちは水を基本とした生き物で、体は、毎日コップ８杯の水を飲むことを要求している。ぼくたちはとてつもない能力を持った体を与えられている。それを当たり前だと思わず、体の要求に気を配らなくてはならない。

調和したよいエネルギーに満たされて生きることができる。

愛情に満ち、安定した人間関係は、健康にも強く、ポジティブな影響を与えることがわかっている。家族や友人と親密な関係を築くために努力し、それに力を注ぐ人は、より健康でいられる。病気になったり、怪我をしたりしても、支えてくれる家族や友人のいない人たちに比べ、はるかに速く回復する。

6　現在形でポジティブに考え、その効果を感じる

自己のポジティブな思考の力は、心と身体、感情、精神の各面でのバランスをとるために役に立つ。このバランスがぼくたちみんなに力を与え、夢をかなえさせ、ぼくたちを健康に保たせる。過去は終わったこととして、未来への恐れは不毛なものとして、現在にとどまることだ。

本当にしたいと思うことを心に思い描き、実際にやってみよう。自分に長続きのする変化をもたらすことができるのは、自分自身しかない。自分の内側を見つめることで、新し

い自分を生み出すことができる。自分の気持ちと自分の力に注意して、それを調節し、コントロールすることだ。

心静かに瞑想《めいそう》状態に入っていこう。自分自身の3次元のホログラムを思い浮かべる。これには集中力と練習が必要だ。しかし、1度これをマスターすれば、そのよさがわかるだろう。自分の完璧なイメージを描けるようにする。あなたの目が青ければ、自分自身のイメージでも青い目を想像する。それを視覚化する。あなたの目が見たままに見えるように気持ちを集中させる。それがあなたの完璧なイメージとなるまで、磨きをかけていこう。どんな細かなところも完璧にする。どんなに想像力に欠ける人でも、これをやることはできる。

心の中で目の前にこの鮮明なイメージを思い浮かべることができるようになったら、自分はどこもかしこもよくなって、もう何も問題はないと繰り返し自分に言い聞かせる。このポジティブな思考の輝きを、傷ついた部分に集中させる。たとえば、ひじに問題があるなら、ポジティブな思考をレーザー光線のようにに投影してひじに当てる。

つながり、結びつきを大切にする

ぼくたちはみな、家族や友人といった情緒的な結びつきを必要としている。関係をうまく働かせるには互いに信じ合うことが必要だが、努力する価値は十分にある。愛情に満ち、安定した人間関係は、健康にも強く、ポジティブな影響を与えることがわかっている。家族や友人と親密な関係を築くために努力し、それに力を注ぐ人は、より健康でいられると同時に、その人の世界はすばらしい、愛情に満ちた場所になり、調和したよいエネルギーに満たされて生きることができる。

今、ここでポジティブに

過去は終わったものとし、未来への恐れは不毛なものとして、現在にとどまることから生まれる、ポジティブな思考の力は、心と身体、感情、精神の各面のバランスをとるために役に立つ。自分の内側を見つめることで、新しい自分を生み出すことができる。自分の気持ちと自分の力に注意して、それを調節し、コントロールすることで、自分に長続きする変化をもたらすことができる。

これはぼくたちみんなに力を与え、夢をかなえさせ、健康に保たせることができる。

問題は一切考えないようにする。目の前に思い浮かべたイメージには、悪いところはどこにもないようにする。1つの傷もない完璧なホログラムをもっと完璧にするつもりで考える。自分の経験から、これがあなたにも効果的なことはわかっている。ぼくは、相手のエネルギーのホログラムとつながる能力を使って、人々を癒している。相手とつながったら、自分の思考を使ってヒーリングを行う。

ぼくは、人のホログラムと結びつくことのできるこの能力を、天からの贈り物だと思っている。また、ぼくたちみんなが自分自身のホログラムとつながり、思考の力を使って自分を癒す能力を持っているということも知っている。簡単にできることではないが、それを知りたいと願い、訓練を積めば、それはどんどん簡単になり、それを行う能力は高まっていく。ほとんどの人には、これが健康な状態を維持していくためにきわめて有効な方法だということがわかるだろう。

7　あらゆるもの、あらゆる人がつながっていることを理解（そして感謝）する

クモの巣のように、あらゆるものは、全宇宙のあらゆるものに影響を与えている。ぼくたちのうちの1人がとったポジティブな考え方や行動は、ほかのすべての人に影響を与える。クモの巣の上で近い位置にいる人（家族、友人、同僚、知人）ほど影響を強く受けるが、影響はクモの巣全体に及ぶ。この相互の結びつきが、遠隔ヒーリングを可能にしているのだ。

人生に感謝しよう。これは大事なことだ。あなたの旅の途中であなたとつながりを持つすべてのすばらしい人々に感謝しよう。毎日が運んでくる冒険を楽しみにしよう。ぼくたちはみんな壁にぶつかる。そのことにも感謝しよう。ぼくたち1人1人のポジティブな考え方は人から人へと伝わっていくのだ。

アダムのヒーリング・メッセージ㊹

すべてのつながりを知り、感謝する

１人がとったポジティブな考え方や行動は、ほかのすべての人に影響を与える。これは近い位置にいる人ほど強く影響を受けるが、影響は全宇宙のあらゆるものに及び、相互に結びついている。

人生に感謝をしよう。あなたの旅の途中であなたとつながりを持つすべてのすばらしい人々に感謝をしよう。毎日が運んでくる冒険を楽しみにしよう。ぼくたちはみんな壁にぶつかるが、そのことにも感謝をしよう。ぼくたち１人１人のポジティブな考え方が人から人へと伝わっていくのだから。

認識論的仮説

現実とは、単に物質的なもののみではない。
あらゆるもの、あらゆる人は
互いに結びついている。
われわれは、自身の進化に
意識的に関与している。

——IONSニュースレター　2003年

第10章

あなたの夢を「ドリームヒーラー」につなげてください！

ぼくたちに理解できない、
科学にも説明のできないことは
たくさんある。

——アダム

夢はわれわれの心と魂の一部
夢は、われわれの運命を全《まっと》うするために、
われわれの思考や欲求、
必要の深みにまで下りていく
われわれの運命を全うするために、
われわれは自分の夢を全うせねばならない

――J・R・デイヴィス　1994年

新しい考えを受け入れること「パラダイムシフト」はもう始まっている！

ぼくは多くの人に力を貸してきたが、それで感謝されるのは何よりうれしかった。また、ぼくたちが分かち合っているつながりを理解してもらうことは大きな喜びだった。ぼくは、自分たちの健康状態が改善されたと理解し、受け入れてくれた人たちから多くの推薦の言葉をいただいた。感謝されることで、ぼくはまたほかの人々を助けたいという気持ちになった。ガン患者の老人を助けるとき、ぼくはその人だけでなく、その人の妻、娘や息子、孫、友人にも力を貸していることになるのだ。健康は病気と同様、多くの人に影響を与える。

ぼくは夢を持って生きている！

ぼくは、自分の能力を人に話すとき、相手から得られる反応にいつも驚き、どこかおもしろがっている。もしぼくの能力を説明してくれと誰かに言われたら、ぼくは、「ほかの人の量子ホログラムにつながることで遠隔ヒーリングを行います」と答えるだろう。

ぼくが今までに知り合った友人や親戚たちは、一様に変わった反応を示した。「今日は

アダムのヒーリング・メッセージ㊺

いつでもパラダイムの呪縛から解き放たれていよう！

ぼくのしている遠隔ヒーリングを受け入れたり理解したりできる人は、それをほかの人に説明しようとすると、まるで、主流派の思想にそぐわないことを話すのはタブーだとでもいうように、苦しい立場に立たされた。人類が意識のレベルで進歩するためには、こういう考え方を改めなくてはならない。

いい天気だね」というような言葉で、その話題にまったく知らんぷりするか、避けるかされることはよくあった。

ぼくのしていることを受け入れたり理解したりできる人は、それをほかの人に説明しようとすると、同じように苦しい立場に立たされた。まるで、主流派の思想にそぐわないことを話すのはタブーだとでもいうようだ。人類が意識のレベル――ぼくたちの内側や外側のあらゆることがらを知り、理解するレベル――で進歩するために、ぼくたちはみな、こういう考え方を改めなくてはならない。

このことを話すには、たいていの場合ぼくと2人きりでなくてはならなかった。ほかに誰かがいるときは、クスクス笑いが始まってしまうようだ。これは、ぼくたちの脳がある考えや概念を理解できるほど十分に働かない場合の、人間の自己防衛のかたちの1つなのだ。

変化や新しい考え方を受け入れることを「パラダイムシフト」と言う。文明化の過程では、劇的なパラダイムシフトの例は数多くある。そして、これ以上はないと信じる理由はどこにもない。

人類の未来には愛ある結びつきが必要

愛はぼくたちを結びつけようとする力だ。人類の未来は、この結びつけようとする力をどう使っていくかにかかっている。

ぼくたちは、心の目を開き、この世にある社会的、科学的なパラダイムの向こうを見ることができなくてはならない。誰もが、相互のつながりをきちんと認識しなくてはならないし、そうなって初めてぼくたちは自分を癒すことができるようになる。自分を信じよう。そうすれば、どんなことも可能になる。この宇宙には、ぼくたちの知らないことがまだまだあるのだから。

人間は自分たちのエゴによって進歩を妨げている！

ぼくは常々、進歩を妨げる人間の特性の1つは、エゴだと思っている。ぼくたちのエゴがものの見方にどれだけ影響するかという劇的な例に天動説がある。科学者たちは、天体は地球の周りを回っていると言った。空の惑星や無数の星たちがみんなだ。人間のエゴはどれだけ大きくなれるものなんだろう！　だがそれでも、この科学上の宣言は広く受け入れられていたのだ。

天動説が受け入れられていたおかげで、違った考えを持っていたために死ななければならない人も多かった。そのことにショックを受ける人もいるかもしれないが、本当にすべきなのは、ぼくたちは今日の科学をただ受け入れるだけではなく、問いかけることをやめてはならないというのを忘れずにいることである。ぼくたちはいつでも現代の科学的な情報の基礎を超えた知識まで、主観的に分析できなくてはならない。ぼくたちは過去から学び、現代の科学をむやみに真実だと思いこまないようにしなくてはならない。ぼくたちはすでに間違いを犯したのだから。

パラダイムの1つの例としておもしろいと思うのは、象の話だ。象をロープで小さな杭につないだと見せて、実はロープは杭の上に載せているだけなのだが、それだけで象は動くことができない。

結ばれていないという事実にかかわらず、しかも象の強い力なら杭を地面から引き抜くことなどなんでもないのに、象は動こうとしない。象の心には、きっとしっかりと結びつけられているのだろうし、杭が抜けるはずもないという考えがあるのだ。事実とはまったく違うのは明らかだ。歩き出してみるだけですぐわかることなのだから。このたとえは、ぼくたちが日々、何が可能で何が可能でないかを考えるときにもそっくり当てはまるだろう。ぼくたちは自分で自分の限界を決めているのだ。

今日の世界には変革のうねりが起こっている。ぼくたちが毎日出合う医学や科学の定説に問いを投げかける自由も訪れた。医師に向かってセカンド・オピニオンを得たいなどと言えなかったのは、そんなに昔のことではない。しかし今日、多くの医師は、聞きたがる患者にはわざわざ診断の細かい説明をして、患者の要求を満たそうとする。これも小さなパラダイムシフトだ。人々はやっと、医師の意見は尊重すべきではあるけれども、彼らは神様ではないのだということに気づいたのだ。健康についての最終的な選択は、自分自身の責任なのである。

特殊な能力を持った人たちの存在に、ぼくたちもだんだん気づき始めている。ぼくたちに理解できない、科学にも説明のできないことはたくさんある。ぼくたちは、科学で説明がつかないからといって、それがありえないとはかぎらないということを、やっと理解できるようになった。

五感の先に多くのものが存在する！

変えることの最も難しい思いこみに、専門家というものはみんな心を開いて新しい科学を開拓したがるだろうと考えてしまう点もある。一流の科学者ですら、自分たちの周りにパラダイムを築いており、それを打ち破ることはなかなかできない。変化を起こすことは難しく、人間は変化に抵抗するものなのだ。

しかし、進歩するためには変わらなくてはならないし、意識の臨界質量もいつかは当然解明されるだろう。そのときが、十分な数の人々がぼくたちのつながりに気づき始めるときであり、ぼくたちの意識についての認識はそれによって変わるだろう。

ある力はぼくたちを結びつける。別の考えは、ぼくたちを切り離す。愛はぼくたちを結びつけようとする力だ。分離の裏には恐怖心がある。人類の未来は、この結びつけようとする力をどう使っていくかにかかっている。愛と協力が必要なのだ。

恐れや物質的な競争はエゴと一緒に過去に置いていくべきだ。それは分離の感覚を強めるばかりで、そこから争いが生まれる。人類が生き残ることはすべての人間の最終的な目的であり、相違点ではなく共通点に注目してこそ達成されるものである。

ぼくの個人的な目標は、ぼくたちの五感の先に多くのものが存在することを人々に知らせることにある。ぼくたちは心の目を開き、この世にある社会的、科学的なパラダイムの向こうを見ることができなくてはならない。誰もが、ぼくたち相互のつながりをきちんと認識しなくてはならないし、そうなって初めて、ぼくたちは自分を癒すことができるようになる。自分を信じよう。そうすれば、どんなことも可能になる。この宇宙には、ぼくたちの知らないことがまだまだある。

チャンネルはそのままで!!

あとがき

老婦人と年老いた犬

先日、年配の女性が犬を連れて歩いているのを見ました。犬も年をとっていて、ちょうどいい組み合わせだなと、わたしは思いました。でも近づいてみると、老婦人は、犬が公園道路をあっちへうろうろ、こっちへうろうろと、草の葉の一枚一枚に興味を持ってなかなか進まないことにいらいらしているのがわかりました。たぶん早く家に帰りたかったのでしょう。でも、犬のほうが寄り道を楽しんでいることもまた、わかったのです。声が届くところまで近づくと、わたしはにっこりしました。

「いいワンちゃんですね！　散歩に連れてきてもらえるなんて、この子は幸せね。ほんとに楽しそうだわ」わたしはそう声をかけました。

老婦人はわたしを見ると、足を止めました。そして、にっこりとしたのです。

「ええ、去年主人が亡くなってから、この子はわたしの大切な伴侶《はんりょ》なんですよ」と、老婦人は答えました。

犬と老婦人が去っていくのを見ると、彼女はさっきより歩調を落として、優しく「伴侶」に話しかけていました。そして誓って言いますが、犬はわたしのほうを見て、その目には感謝の色が浮かんでいたのです。それはまるでわたしがしたことを知っていて、ありがとうと言っているようでした。

わたしは、生けるものは——人間も植物も動物も——みんなつながっていて、誰かのためになることは、みんなのためになることだと信じています。小さなところで言えば、この短い関わり合いを通じて、わたしたち三者それぞれの生がちょっとよいものになったのです。老婦人は、気分よく散歩できるようになり、友人であるその犬に自分がどんなに感謝しているかを思い出しました。犬はもっと楽しい気分になり、きっと長く散歩させてもらえたことでしょう。わたしは、老婦人の顔からいらいらが消え、犬の顔に感謝が浮かんだのを見て、いい気分になりました。わたしは、わたしたちがみんな毎日何かちょっとしたことをするだけで、世の中はどんなによくなるだろうと考えることがよくあります。

どんなことでもみんな理由がある、あなたがこの本を読んだことにも……

わたしは、どんなことでもみんな理由があって起こっているのだと考えています。あなたがこの本を読んだことも、アダムがわたしを見つけたことも、わたしがこの本をアダムと一緒に作ることで、すばらしい、忘れられない経験をしたことも、どれも決して偶然の一致などではないのです。いろいろな意味で、この体験はわたしを変えました。わたしたち相互のつながりについてのわたしの理解は深まりました。わたしは、大好きなあるファンタジーを思い起こしました。その中の世界では、誰もが生きもののすべてのつながりに敏感に気づいているのです。

それは世界をも変えるでしょう。

それはほかにもたくさんのことを可能にします。たとえば、すべての人間が平和に共存していくこととか。わたしたちみんながこんなふうに一緒に暮らしていけるでしょう。人種も信念も宗教も、どの部族に属しているかも、そのほか分離の概念に基づく何ものにも関係なく。なぜなら、分離は必然的に「彼ら」に対する「わたしたち」という陰湿な態度を生んでしまうからです。あるのはただ「わたしたち」だけなのに。

このファンタジーの世界では、この星と豊かな資源は尊重され、責任感のある管理者によって管理されています。みんなが互いのつながりを感じていたとしても、やはりそうするのです。わたしの理想では、ファンタジーの世界でも、「わたしたちはすべての存在とつながっている」という、1つのシンプルな原理がたくさんのすばらしい変化を起こします。

わたしたちは互いに思いやり、調和の中で誰も想像がつかないことをし、誰にも想像のつかないような人になる。1つだけ確かなことは、それがみな、わたしたちの耳に入った情報から始まっているということです。わたしたちの思考は、現実において何が生み出されたかということと大いに関係があるのです。

わたしたちの態度も同じです。結果にポジティブな期待をすることは、それが起こる可能性を著しく高めます。ネガティブな期待でも一緒です。わたしたちに選ぶことができるなら（それをわたしたちに強《し》いることのできる人などいないのですが）、ポジティブな態度を選ぶのがごく論理的だというのがわたしの考えです。

いつでも望みはある、アダムがこの本にこめたもの……

あなたが学び、これに触発されたことを期待します。なぜなら、アダムはその2つの意図をこの本にこめたのですから。いつでも望みはあるということを忘れないでください。あなたの状況がどんなに難しいものでもです。信じて、その気持ちを手放さないことです。そして、どんなときでもあなたにできることはあるのだということを忘れないでください。あなたにはパワーがあります。

わたしは最近、自分で自分に力を与えるということについてよく話します。わたしはパワフルな自分という考え方はいいと思いますが、むしろ、わたしたちは今すでに力を持っているということに気づくべきだと考えます。それを誰かに委ねたりさえしなければ、それを失うことはないのです。

アダムは本当にすばらしい若者です。ヒーリングは彼の1つの才能です。わたしはそれを自分自身で確かめました。彼のような才能と力を持てば、人は尊大でとっつきにくい人間になると思うでしょう。彼は違います。彼は実際、そのどちらでもまったくありません。年に似合わず、謙虚で、チャーミングで、温かく、賢い人です。地に足のついた、しっかりした、そして16歳らしい活発さのある少年です。さらに、豊かなユーモアのセンスも持っています。

ご両親もまた、忘れがたい方々でした。お母様とは週に1度お会いするうちに友人となれたことを、いつまでも忘れることはないでしょう。一緒に過ごした時間にたくさんのものを分かち合い、別れるときにはわたしはいつも元気で満たされていました。このご家族といれば、いい気持ちにならずにはいられません。最高の人たちです。

このようなプロジェクトは、関係者の方々が協力し、献身しなければ、うまく進むことはありません。データ作成から印刷まで、技術を生かして製作にあたってくださった職人の方々に感謝します。わたしたちが原稿作成に追われていたあいだ、辛抱強く理解を示してくれた仲間や友人にも感謝します。

そして誰より、アダムに感謝を捧げます。自分らしくいてくれ、わたしたちに率直に心を開いてくれて、ありがとう。16歳でこれだけのことができたことを思うと、これからの可能性はますます楽しみです。彼のすばらしい才能の1つは洞察力です。わたしが好きな言葉に「洞察力とは、そこにないものを見る力だ」というものがあります。もしそれが本当なら、アダムはいつか、わたしたちがまだ見たことのないものを見せてくれるような気がします。その旅をわたしは楽しみにしています。

レイチェル・オァー（編集者）

監訳者あとがき

北米のメディアで話題騒然の少年アダム

本書は、類稀《たぐいまれ》なるヒーリング能力を持った16歳の少年アダムが、いかに自己の能力に目覚め、それを開発してきたのか、具体的に記した自叙伝である。本人も告白しているが、東洋では古くからヨガ、気功、鍼灸、漢方など比較的ポピュラーな代替療法が存在し、ヒーラーの存在も決して珍しくない。そのため、アダムがバンクーバーで生まれ育ったカナダ人でなければ、それほど注目を浴びることはなかったかも知れない。しかし、アダムは日常ではごく普通のティーンエイジャーでありながらも、病気や怪我に苦しむ人々を癒すことに喜びと使命感を持ち合わせており、日々、自己の能力の開発と研究を怠《おこた》らない。そのようにけなげな少年は、北米においては稀な存在と言えるだろう。

2003年11月27日、『ローリング・ストーン』誌でアダムを紹介した記事が掲載されると、彼のヒーリング能力に関する噂は瞬《またた》く間に広がった。その直後、アダムは数千通の電子メールを受け取るという反応を得た。２００４年には『マクリーンズ』誌、『ザ・グローブ・アンド・メイル』紙、２００５年には『トロント・スター』紙等でもアダムのことが取り上げられた。そのため、現在では一対一の個人ヒーリングはできなくなり、グループ・ヒーリングを開催しているが、毎回チケットは完売し、既に参加した人々は数千人に上っている。

アダムの特異性は、自分の能力を若くしてコントロールできている点からもうかがい知ることができる。ヒーラー達の中には、患者からネガティブなエネルギーを受け取ってしまい、自らの体調を崩してしまう人々も見受けられる。そのため、体力・気力の維持・増進へ向けて精進に励むヒーラーも居れば、自己の能力活用を止めてしまう人々も居る。

ところが、アダムは経験豊富なヒーラー達から短期間で多くのことを意欲的に学びとり、平均的なヒーラー達にはコントロールの難しい自己管理を既に確立できているのだ。

アダムは自分が行うヒーリングを特定の療法に分類することはなく、自己の能力と目に見えないエネルギーの世界を量子力学により説明しようと試みている。一方で、アダムは自己の能力を特別なものと捉えておらず、程度の差こそあれ、誰もが本来持っている能力と見なし、患者自身が自己の能力を引き出せるように努めている。特に、患者自身が自己の潜在能力を信じて、ポジティブな思考を持つ必要性をアダムは重視する。

確かに、我々は太古の昔からこのようなエネルギーを理解し、ヒーリング能力も持ち合わせていたことを示す文献や資料は多数存在しており、単に現代人はそれを忘れてしまっただけかも知れない。

常識を覆す5300年前のアイスマンの鍼治療痕

1991年9月19日、アルプスに位置するエッツタール渓谷で、死後5300年を経過したとされる人間のミイラ化遺体が発見された。海抜3200メートルの氷河の中で、たまたま岩の割れ目に入っていたため、ほぼ完全な状態で残された貴重な遺体であった。DNA解析によると、その遺体は、北部ヨーロッパや、アルプス、エッツタール地域の住民に近い人間であることが判った。人々はそのミイラ化遺体のことをアイスマンと呼んでいる。

興味深いことに、アイスマンの背中や脚には15ヵ所に入れ墨があった。信頼できる鍼師《はりし》や東洋医学の専門家達がその入れ墨の位置を計測調査したところ、15ヵ所のうち9ヵ所はツボと重なるか、5ミリ以内のずれの範囲内にあることが判明した。さらにCTスキャンにより、アイスマンは腰椎の関節炎にかかっていたことが明らかとなった。昔からこの疾患の鍼治療には膀胱《ぼうこう》経に沿ったツボが活用されるが、アイスマンには、まさにその位置に入れ墨が存在したのである。

この発見は、鍼治療の起源を約3000年前の中国とするこれまでの説を揺るがすものとなった。重要な点は、世界のどこを起源とするかではなく、人間生命を支える根源的なエネルギーに対して、時代や人種にかかわらず、我々はずっと関心を寄せてきた事実にあるだろう。

現在のアダム

アダムは、たまたま平均的な人々が気にかけなかった、オーラや目に見えない生体エネルギーを感じ取る能力に恵まれ、それを大人になるまで大切にしてきた。まさに現代人が忘れてしまった能力、いや、非科学的とも思えることに対する不信感が芽を摘んできてしまった能力を守ってきたと言えようか。これまでアダムはその能力を利用して、病気や怪我で苦しむ多くの人々を癒してきた。そして、自分一人に可能なことは限られていると自覚しながらも、アダムの夢は大きい。

現在、アダムは20歳の大学生となり、生物学で博士号をとるつもりでいる。多忙な生活の中、3冊目の本も出版されている。そして、「将来、自然療法医になり、代替療法と従来の医療を統合させたい。ぼくのやっていることはいずれ科学で説明できるようになると思う」と語っている。

現在、日本においても、ようやく代替療法と西洋医学を併用した統合医療が注目されつつある。現代の西洋医学では、既に表に現れてしまっている症状を抑えたり、病んだ部位を切除したりする対症療法が主体となりがちである。症状が重く、治療に緊急を要する場合には極めて有効ではあるが、そもそもなぜ人が病気になるのか、予防を念頭にした、根本的な原因まではまだまだ解明できていないことも多い。

まったく同じ環境で衣食住をともにしていても、ある人は健康で、ある人は病気になることもある。遺伝や前世に問題が見られる場合もあるだろうが、その人が明るくポジティブな意識を維持できる、ストレスに耐性のある性格かどうかでも免疫力は違ってくる。そのため、治療を受けて一時的に病気を治しても、その人の思考性癖が正され、自己が発する想念エネルギーをコントロールできない限りは、しばらくすると、同じ病気が再発するケースも多く見られる。多くの病気がストレスから生まれることを考えれば、患者の意識改革と生活習慣の改善で予防できる病気は多い。

そのような意味で、もっと早い段階で分っていれば不必要とされる、副作用の伴う医療行為が見直され、今後、代替医療が西洋医学を補完していける可能性は無限に開かれている。しかし、一般人には、個人が発する生体エネルギーを感じ取ったり、オーラの色として健康状態を認識することは困難である。だからこそ、アダムのように、それを感じ取れるヒーラー達が西洋医学と協力し合える状況が生まれれば、未来は明るいとアダムは夢を抱いている。

アダムが見据えた代替医療と西洋医学の統合は、万人のテーマだ

本書は少年アダムの自叙伝ではあるが、読者は、彼の生き様に感動を覚えるだけでは不十分かもしれない。アダム自身も望んでいることであるが、我々自身が本来持っている能力に目覚め、アダムのようなヒーラーの世話になることが無いよう、自らの意識をポジティブに持っていくことが重要と思われる。そして、代替医療と西洋医学の統合というテーマはアダムだけの目標ではなく、本来、我々も望んでいることで、そのような未来がやっ

てくることを応援すべきであろう。
最後に、アダムが日本の読者に対して特別に与えてくれたメッセージを添えて、締めくくりたいと思う。本書が、長い間我々が忘れてきたことを思い出させてくれる切っ掛けとなることを祈って……。

「〈気〉や〈プラナ〉などさまざまに呼ばれるけど、ぼくたちはみんな同じ〈宇宙エネルギーのシステム〉とつながっている。日本の読者たちは、北米よりももっと柔軟な文化を持っているので、ヒーリングというエネルギー領域に関して、比較的受け入れやすいと思う。代替療法と霊性は、あらゆるヒーリングにおいて不可欠なもので、日本の読者たちの自己啓発に関われることをぼくは光栄に感じます」

2006年12月
ケイ・ミズモリ

アダム　Adam

16歳の少年。小さいころから特殊能力があり、エネルギーを使って人の病気を治療することができる。プライバシー保護のため、姓も詳しいプロフィールも明かしていない。両親、妹とともにヴァンクーヴァー在住。

ケイ・ミズモリ

早稲田大学卒業後、十余年のアメリカ在住経験を生かし、代替療法・科学、アメリカ情勢等をカバーするジャーナリスト・翻訳家。著書・共著書に『世界を変えるＮＥＳＡＲＡの謎』（明窓出版）、『世界はここまで騙された』（徳間書店）、訳書に『超シャンバラ——空洞地球／光の地底都市テロスからのメッセージ』『超巨大［宇宙文明］の真相』、『コズミック・ヴォエージ』、『プレアデス科学の謎』（いずれも徳間書店）などがある。

Homepage: http://www.keimizumori.com

杉本詠美（すぎもと　えみ）

広島大学文学部卒業。訳書に『泣く子に学ぶ最強のビジネス交渉術』（ビル・アドラー・ジュニア著／技術評論社）などがある。

本書に関するお問い合わせには、大変申し訳ありませんが、徳間書店および訳者、監修者の所では応じられません。どうかアダムのホームページのサイト（www.dreamhealer.com）をご利用下さい。

超知ライブラリー022

[光の手による量子のヒーリング]
ドリームヒーラー

初　刷　　2007年2月28日

著　者　　アダム（Adam）
監　修　　ケイ・ミズモリ
訳　者　　杉本詠美（R.I.C.Publications）
発行人　　竹内秀郎
発行所　　株式会社徳間書店
　　　　　東京都港区芝大門2-2-1
　　　　　郵便番号105-8055
電　話　　編集(03)5403-4344
　　　　　販売(048)451-5960
振　替　　00140-0-44392
編集担当　石井健資
印　刷　　本郷印刷(株)
カバー印刷　真生印刷(株)
製　本　　大口製本印刷(株)

ISBN978-4-19-862292-3